聖嚴法師 著

法鼓山國際編譯組 譯

心在哪裡？

聖　嚴　法　師

西　方　禪　修　指　導

譯者序

　　本書內容爲聖嚴師父在美國的禪修開示，原文刊登於美國《禪通訊》（*Chan Newsletter*），後來因爲設立新的英文網站，請了總編輯恩尼斯・侯（Ernest Heau）精選了一些短文，編輯刊登在網站上。之後，這些文稿陸續被翻譯成中文，於2009年6月起在《人生》雜誌上連載，受到不少讀者的歡迎，今收錄出版爲書。

　　這些文稿，主要是師父於1979年至1985年間的開示，讓我們尋著師父的腳步，回到當時的時空因緣，一同做一回師父的早期弟子。

　　1979年春天，師父自臺灣再度赴美，居無定所，流浪街頭一個多月後，先於紐約市皇后區租屋成立禪中心（Chan Meditation Center），是年秋天發行《禪通訊》。入冬後遷入購置於艾姆斯特（Elmhurst）的一棟二樓建築物中，但只有二樓一間房間可以使用，次年夏天全屋才收回，接著展開了長達一年的整修。1981年5月佛誕日正式開光啓用，命名爲「東初禪寺」。1982年於此成立「法鼓出版社」（Dharma Drum Publications），出版了第一本英文著作《佛心眾生心》

（*Getting the Buddha Mind*）。

師父在記述這段日子時，曾經說到：「1979年至1985年，人事很不安定」，「當我回紐約期間，不會沒有人來，當我回去臺北的時段，曾經幾乎要關門大吉。幸好每當緊急關頭，便會有人進來暫住照顧。」（《金山有鑛・在美國十五年》）這情形一直到1986年，終於有了一位出家弟子在東初禪寺安穩地住下來，才有了轉變。

這段艱苦的歲月，師父是怎麼走過的，又做了些什麼呢？師父每三個月往返臺灣與美國兩地，剛卸下臺灣繁雜的事務，回美後也沒有稍歇過，除了維持道場運作、接引信眾之外，還開辦了多項課程和活動。包括週日早上禪坐共修和下午的講經開示，每週晚間開設一門禪訓助手培育課程，和一至二門佛學課程，週六還有初級、中級禪訓班。這期間，在經典方面，師父講解了《圓覺經》和《楞嚴經》；課程部分，教授了《禪門鍛鍊說》、唯識學、禪宗諸祖、《大乘起信論》、《中觀論頌》和《參同契》。

除此之外，每三個月舉辦的二次禪七也不曾少過，這些課程活動，在身邊無人的情況下，所有大小事務，全是師父一人親手打理。即便是這樣的情況，對外的弘化活動也同樣地積極展開，除了接受各中西道場、僑社、電台等的邀約演講外，師父走訪了紐約市及附近各州十三所大學和研究所，舉行了三十三場有關佛法與禪修的演講，和三梯為期各四、

五週的校園禪坐課程。師父的願力悲心，讓人深深感動，衷心的景仰讚歎。

在獲得博士學位後的聖嚴師父，學行已臻飽滿，正是蓄勢待發的時機，抵美後即展開了弘化施教的人生另一個新階段。此時弟子多為西方大專青年，認真勤學，師父也盡心盡力，傾囊相授。每每應機變換各種修行方法，大膽施設，細心調教。禪期中，除了講述修行方法和禪師語錄外，苦、空、無常、無我和佛性等重要佛法觀念及戒、定、慧三學，也貫穿其中，一方面是落實解行並重的原則，另一方面是希望能夠導正當時美國社會普遍對禪法的誤解，認為禪法無經教義理的寶藏，僅僅是打坐修行而已。

本書收錄的二十四篇開示，讓我們清楚地看到正值壯年的聖嚴師父的風采，撒放禪家手眼，任運自如。其中，最早的二篇，〈空與有〉、〈是夢？是醒？〉，分別講述於1979年6月兩個星期天，也即是在禪中心成立之後立即對外開放的星期天開示。1980年的七篇文稿，均是禪七中的開示，這一年禪中心雖然因整修沒有對外的例行活動，但仍擇期舉辦了幾次禪七。1981和1982年的九篇開示均是師父弘法行程留下的印記，因為對象不同，目的有別，開示的內容及接引的善巧也愈漸精彩。接著的五篇，均是星期天的大眾開示，從開示的內容與聽眾的問答中可見當時聽眾素質之淳良。在整理這些文稿，準備出書時，意外的發現這些短文奇妙地形成

一個完整架構，分別是：（一）需要修行嗎？（二）禪修之路，（三）路上風光，（四）本來面目等四大篇章，現就這四大篇章做簡單的介紹。

（一）需要修行嗎？

第一篇章收錄三篇開示，從「眾生皆有佛性，還需要修行嗎？」的錯誤觀念中，指出眾生身處煩惱的熱海中而不自知。接著二篇指出無明是煩惱的根源，必須修心，祛除《金剛經》所說的人、我、眾生、壽者四相的分別執著，也不厭離世間，才能親見清淨、恆常本有的佛性。

（二）禪修之路

就像引導初學者入禪門一般，在第二篇章收錄的九篇開示中，師父娓娓道出修行人應具備的正確心態、觀念，修行的方法、次第進程，可能會遇到的重大阻礙及對治方法，其他輔助法門以及修行的利益。這也是老參久修者，可以時時拿起，處處受益的修行指要。

這些文章前後自相銜接，宛如禪七中的開示。啓始的一篇是在一次禪訓課程中，藉境開示的〈茶話〉。在茶水休息的時間，師父以濃茶、淡茶和水做譬喻，來說明三種類型的弟子和相宜的調教方式，含蓄而幽默，卻是一面明可鑑人的鏡子。接著的一篇，雖名爲〈悟後的世界〉，卻強調要先起「信」，才有源源不斷的動力見到悟後的廣大世界。不過，如果抱著得大利益或開悟新生的期待，反而會成爲修行的障

礙，所以最安全也是最好的方法，就是學習〈釋迦牟尼佛的大願〉。

當已經上路，開始用功精進時，必須了解〈苦修〉的眞義，並不是要去刻意受苦或自找苦吃，而是要看透生死，以大勇無懼的精神面對〈死亡的難題〉，才能減輕對身體、自我的執著。而這往往也是修行人最大的障礙——放不下自我。除了觀念上的放下，師父也教導我們實地操作〈放下〉，但求掌握憨山德清禪師的「念起即捨」原則，每當念頭生起，便立即捨去，不排斥也不追逐，就是放鬆心情，回到方法。首先練習放下過去與未來，接著放下外在的環境，再接著放下身體，最後連「我」的這一個念頭也要放下。

方法說起來雖簡單，若是沒有〈禪修的必備條件〉——四心一情，即使是在禪修上有過很好的體驗，也難以持久得力。這四心一情是今日大家所熟悉的大信心、大憤心、慚愧心、懺悔心和大疑情，較少爲人知的是師父已這般叮嚀了三十年，在國外的其他西方道場，也少見到將此納入禪七的正式課題中。最後師父在〈修行的態度及修行的結果〉一文中，教導我們少欲、知足，過簡樸的生活，也是在家、出家弟子所應遵行的清淨、倫理生活。在這一篇章裡，師父以現代語、平實易懂的文字教導佛教的戒、定、慧三學，此一原則，終生未曾偏離。現代人無論是東方或西方，佛教徒或非佛教徒均可從中受益。

（三）路上風光

對已入禪門或修行得力的行者而言，第三篇章的六篇開示應該會感到特別的親切，或許會覺得師父正是對己所說。在〈禪、禪修和神祕主義〉的開示中，師父首先揭除了禪的神祕面紗，明示禪在生活日用中，最真實不過。禪的體驗必是超越禪定，待將統一心粉碎，進入無心，才是禪的境界。

比較特別的是一篇在1980年禪七中的開示，師父教導了〈觀空五層次〉，簡明扼要，讓人耳目一新，禪眾們可以明確地知道每次禪期中，自己是在哪一個層次，不用他人勘驗。緊接著的下一次禪七中，師父講述了〈禪修的四大障礙〉，這四種障礙是禪修已經上路，並得到一些受用的人，可能會發生的重大執著。文字內容描述清楚，若能參酌對照，應可以避免落入「未證謂證」，自誤誤人的陷阱中而不自知。

由於西方人對開悟的嚮往，尋訪明眼人印可的事情時有所聞，針對當時「冬瓜印」、「豆腐印」流傳的情況，師父特別開示了〈對於開悟的三種錯誤觀念〉，但也說明開悟的人生不是夢，只要具有爬登玻璃山的毅力與決心，再加上老師的指導，開悟是可以實現的。本篇章的最後二篇開示，〈空性與孤獨〉，為師父進一步對「空」及「涅槃」的知見釐清；〈空與有〉一篇則指出「真空妙有」才是「空」的真諦，而唯有到達這個層次時，才能算是進入禪的殿堂。

（四）本來面目

　　第四篇章也是本書的最後部分，指引大家如何見到本來
面目。第一篇〈自心淨土〉，是1981年夏季郊遊，師父藉著
公園的環境及寒山的詩，引導大家當下體驗大自然的開闊廣
大。詼諧地譬喻人心的孤單、狹小，有如蝸牛把房子揹在背
上行走，遇到另一個動物時就縮回去，慈悲善巧地讓大家看
到了自己的現在面目。

　　第二篇〈正確的心態〉指出日常生活與精進禪修是不可
二分的，如果平時練習放下自私心，以慈悲心對待他人，就
能蘊涵巨大的潛能，自然而然地將生活與禪修融合在一起。
而〈「無心」思〉一篇中，更上一層，以「有為」、「無為」
的佛法觀念，闡釋心的運作及心相，勉勵大家以「無所求」
的心來修行。第四篇〈主在什麼處？〉，則以高峰原妙禪師
的證悟例子，描述見到本來面目的過程，然後才能做得了自
己的主。

　　本書的最後兩篇，〈是夢？是醒？〉點醒眾生「人生如
夢」的事實，唯有留意心念不造惡業，才能在夢中也不會做
壞事。末了，以《楞嚴經》所說「諸法所生，唯心所現」來
說明〈萬法唯心造〉。人世間的苦難、戰爭及環境污染，皆
起源於人的心念，在這場1985年的開示中，已見「心靈環
保」的始胚。接著又以虛雲老和尚的事蹟，說明空花佛事，
仍然時時要做，只要堅定信念，盡心努力，願望終究會實
現。這也正是師父一生的信念，和實踐佛法的生命歷程，至

此為全書寫下了完美的終結。

縱觀全書，清楚地呈現禪宗「直指人心」的頓悟法門，然在頓中開出層次化的漸法教學，明確的階段進程，讓禪眾對禪修天地有全面性的了解，利於現代人學習。1982年的二篇開示，指出修心的過程從散亂、集中，身心與內外環境的統一，直到最後捨去「我」的念頭，雖尚未以數目標示四個或五個層次，但名目與進程已昭然揭示，並非是一些人士認為的在1990年代以後，才逐漸形成的教學方法。

從收錄的七篇禪修開示中，可略見師父早期帶領禪七的運作模式，開示的內容架構及綱要，與今日法鼓山禪堂所行沒有什麼大的差別，唯見變動的是，針對不同年代，不同地域的禪眾，而有觀機逗教的相應說法，這彷彿也是在向我們宣說著「常」與「無常」法。

行筆至此，終須放下。相信所有參與翻譯及修潤此書文稿的法師和菩薩們，都會覺得自己受益最多。最後，此書能夠順利出版，要感謝許多僧團法師和居士協助翻譯，還有法鼓文化的同仁們，一併在此致謝。

法鼓山國際編譯組組長　釋常悟
2011年9月1日

目錄

第一部

———————

需要修行嗎？

需要修行嗎？

　　不論在東方或西方，很多人都有一種錯誤觀念，認爲禪直指人心，不需要什麼修行方法。這種錯誤觀念很容易讓人以爲，人本來就是佛，已經開悟了，根本不需要修行。另外還有一種錯誤觀念，就是認爲說：沒錯，我們的確需要修行，那就是不斷地打坐、打坐、打坐。

▌打坐開悟好比磚頭磨鏡

　　中國禪宗早期有一則典故，說的就是第二種錯誤觀念。故事是說，有個叫作馬祖道一（西元709～788年）的出家人，每天花很長的時間在打坐上。有一天，他打坐正進入深定中，一旁的南嶽懷讓禪師（西元677～744年）看了，便拿起一塊磚頭在石上磨起來了。馬祖問他：「你磨磚頭要做什麼？」南嶽回答說：「我想把它磨成一面鏡子。」馬祖說：「奇怪了，我從來沒有聽說磚頭可以磨成鏡子的！」懷讓禪師就說：「我也從沒聽說過，有人靠打坐就可以成佛的。」

　　光靠打坐就想開悟，那是不可能的；而沒有經過任何修行，天生就是已覺悟的佛，那更加不可能。然而卻有很多人以爲，沒有開悟本身就是開悟，因此也就不需要修行了。就因爲它很輕鬆容易，所以有那麼多人相信這種說法。在美國，曾經有一段時間，行爲放蕩不羈的藝術家們即把寒山大師詩中，自由自在的生活方式當作是禪的精神，佛教把這種修行方式稱爲「自然外道（natural outer path）」。你們要知道，眞正的禪修有其一定的基礎與路途可循，漸次而上，而每一個層次也都有其相應的方法。

　　在涼爽或適中的氣溫下，每個人都會感到特別舒服，不會太熱也不會太冷；我們的修行也應該如此，不要太熱也不要太冷。也就是說，你不應該急於甩掉煩惱或追求智慧，同樣地，也不應該掉以輕心而變得懈怠，這就是「中道」。

　　在佛經裡，是用冷比喻智慧、用熱比喻煩惱，但是，太冷了也意味是煩惱；譬如地獄有極熱地獄和極寒地獄兩種一樣。什麼是地獄？地獄是受苦的地方，苦即是煩惱。我們的目標就是要用清涼的智慧，來取代因過於擔憂或懈怠而產生的煩惱。

▎眞正沒煩惱

　　眞的有一樣東西叫作熱或冷嗎？或是說，地獄或苦眞的

存在嗎？其實這取決於我們的心理狀態；因此你可以說真的有，也可以說沒有。當你為煩惱所困時，那熱和冷就非常的真實；當你不煩惱時，那熱和冷就消失了，連同地獄也消失了。大部分的人都害怕下地獄，期待上天堂，但事實上，這兩種都是煩惱；就和怕冷與怕熱一樣。所以，如果你是為了追求快樂而想上天堂，那快樂也會變成煩惱。因此，我們不可能只要這個而不要那個；如果地獄存在，那天堂也必然存在。但是當你的心從煩惱解脫時，那地獄和天堂便會一起消失；因此，站在禪宗的立場，既沒有天堂、也沒有地獄，既沒有佛、也沒有眾生，那才是真正沒煩惱。

然而，從沒有地獄和天堂的觀點來看，如果你說自己沒有煩惱，那其實也是煩惱。任何人如果還感覺到有煩惱或沒有煩惱，實在沒有資格說沒有天堂或地獄，也沒有資格說沒有眾生或沒有佛。《維摩經》說，如果你的心是清淨的、沒有煩惱的，那你所在的地方就是清淨的、沒有煩惱的，還有冷或熱嗎？到那個時候，冷就是熱、熱就是冷，煩惱即智慧，眾生即佛。

反觀現在，無論我怎麼說，這個禪堂明明就很熱。當我們都已經熱得汗流浹背，甚至快要中暑暈倒了，難道還要自我欺騙地說一點也不熱嗎？或是冬天的時候，風不停地吹進來，我們還要否認真的很冷嗎？熱就是熱，冷就是冷，我們怎麼可以說它們不存在呢？難道經典裡說的冷即熱、熱即

冷，是在欺騙眾生嗎？

　　不，經典並沒有欺騙我們，只是因為我們的心很散亂，還沒有沉靜下來，所以會感覺到溫度的變化。當心在統一的狀態，不再向外攀緣時，就會忘卻身體和身體的感受。也就是說，我們不會感覺到外在環境的因素，譬如溫度對我們身體的刺激。到那個時候，我們自然就真的可以說沒有熱或冷這回事，甚至連這些念頭也不會在心裡生起。

佛性與無明

　　佛性是清淨、恆常的。不過,我們或許會問,如果眾生本來就是佛,為什麼會被無明覆蓋而變成染污的呢?當我們說「眾生本來就是佛」的時候,是在陳述一個普遍性的法則,也就是說,每個人都有潛能可以體證自己本有的佛性。譬如我們常聽到說:「每個人都可以當美國總統。」意思是說,任何一位出生於美國的公民都有可能當美國總統。然而這並不表示每個人都是美國總統;同樣地,一切眾生都可以成佛,但不是每一個眾生都已經實證佛果了。

▌佛教找尋離苦的方法

　　為什麼會有眾生?目前還沒有哪一個宗教或哲學能提出一個讓人人都滿意的答案。如果我們一開始就是佛,沒有痛苦和煩惱,那當然很好,但佛教並不討論生命起源的問題,而認為眾生的出現並沒有一個確定的時間點。如果說上帝創造了眾生,那會接連引發許多疑問,譬如:為什麼上帝要創造天堂與地獄?為什麼上帝要製造苦難?為什麼眾生會造

惡？佛教不去回答這些問題，而是試著去回答眾生爲什麼會
受苦，以及找尋離苦的方法。

佛陀在某部經典中說了一個故事，大意是說有一個人被
毒箭射中後，一直追問自己被毒箭射中的種種細節和原因。
佛陀說，如果這個人有智慧的話，就會趕緊拔除毒箭並開始
療傷，而不是去追問，這是什麼毒、射他的人是哪一派……
這類的問題。相同地，佛教是爲了療病止苦，而不去回答哲
學性的問題。

至於現在我們爲什麼無法像佛一般清淨，那是由於我們
歷經了無數次的生死輪迴，累積的惑、業和煩惱，使得心被
無明（梵文avidyā）所覆蓋。因爲無明，我們無法了知本有
的佛性。無明是什麼？佛教認爲所有現象存在於時空中，
所以是無常的、變異的，而這些特性是相互依存，彼此影響
的。例如，空間的移動存在於時間中，而時空的變化導致了
我們身心、環境的改變。如果有什麼東西是普遍而恆常的，
那它是不會改變的。普遍就不會只存在於「這裡」，而不存
在於「那裡」。因此，當我們說眾生本來就是佛，說的是不
變的佛性，而不是隨著我們的行爲展現出來的，那些有限、
暫時，以及不斷變化的煩惱。

以空間爲例：空間原本是不變的，但當它被一個容器框
住時，似乎也因此有了形狀，而隨著容器的樣子變成圓的或
方的，大的或小的。而事實上空間本身是不變的，只是暫時

以容器的形狀顯現。同樣地,當凡夫的心受到環境刺激時,
也會產生變化,煩惱可能因此而生起。這就是無明,是剎
那、剎那間變化的心念,無法明瞭現象中真正的本質。

▌祛除無明,如來藏自現

從無始以來,無明就存在了,讓眾生不斷在生死中流
轉。但無明本身並非永恆、普遍或不變的,而是交錯在時空
中,不斷地流動變遷。當我們修行達到了不動心的境界,以
貪、瞋、癡所表現出的無明,就沒有機會生起。在這種境界
中,我們不變的佛性就有可能顯現。當我們的心不受刺激、
不被誘惑、不為環境所動,無明就不存在,此時就只有佛性。

在沒有完全祛除無明之前,我們總是不斷在分別,老是
用這顆受限於無明的心去納受無限的一切。一旦祛除了無明
及其有限的容器,所留下來的就是普遍而不變的佛性,我們
又稱之為如來藏。相對地,無明並非本來就有的,而是由因
緣而生;如果它真的存在,就不會一直不斷地變化。

關於這一點,佛經曾用水和波浪的例子來說明。當無風
時,水面是平靜無痕的,可是起風的時候,波浪就產生了。
波浪的本質和水一樣,但波浪原本並不存在;同樣地,無明
本來並不存在,直到被個人的業風所吹動。在這個譬喻中,
水是恆常的如來藏,而波浪是無明。水沒有波浪依然可以存

在，但波浪一定要有水才能存在。

如我先前所說的，當我們說眾生本來就是佛，是就原則及可能性而言。如果我們說釋迦牟尼佛是佛，而他在二千六百年前就去世了，那我們說的是一個人世間真實存在的佛，是為了幫助眾生而示現無明的化身佛。真正的佛是如來藏，是永恆的；未曾來，也未曾離去。佛以人的形貌示現，以便對眾生說法；但他不會受到無明的沾染，僅僅是反映了眾生的無明。

想要見到普遍、恆常和不變的佛，需要堅強的信念及深厚的修行。在信念的基礎下，人們可以說自己見到了佛；當我們從修行中得到一些利益時，也是如此。不過，大部分的人說自己見佛的時候，多半只是知性上的。除非你的宗教信念很強，否則無法直接體驗到佛性。大部分的佛教徒尋求心靈生活，不一定想要見佛。尋求佛法知見的人，只能領會到佛的光或音聲，而唯有那些宗教信念堅強的人必定會見到真正的佛。

為什麼眾生是眾生？

　　所有的眾生原本皆是佛，可是對眾生來說，這似乎是完全矛盾的；因為佛是智慧圓滿的，而我們卻是充滿了無明煩惱。為什麼會有這樣的矛盾呢？

　　《圓覺經》告訴我們，佛性和眾生的無明其實並沒有不同，無始以來均已存在，無明只是佛性的另一種型態。就像冰與水，它們的本質相同，因為溫度不同，而有的是冰、有的是水。我們可以進一步來理解，北極圈凍結的冰就像是一直環繞眾生的無明，但由於氣候的變遷，偶爾也會溶化，同樣地，由於不同的因緣，有些眾生也確能體證到自己的佛性。

　　無明和佛性，就如同冰和水一般，雖然因為條件的不同而有不同的呈現，但它們的本質是一樣的，而我們所認知到佛與眾生的差別，其實不過是一種假象。因此產生了一個有趣的問題，佛法說：「眾生皆可成佛。」如果佛與眾生在本質上是相同的，那麼，要如何才能不讓佛淪為眾生呢？

　　根據禪的觀點，涅槃和輪迴（生死的流轉），這兩者可以說存在，也可以說不存在。就眾生的角度來看，它們是存在的，因為眾生執著我、執著外在的色相；但是以佛的觀點

來說，輪迴和涅槃並沒有不同，因為佛不執著於色相，他是因應眾生的需求，而平等地示現輪迴或涅槃。所以，就像冰能溶於水一樣，我們無法阻止佛以眾生的形相出現，就如二千六百年前，佛陀以印度王子的身分示現於世一樣。但佛陀示現的眾生與尚未成佛的眾生大不相同，前者是因為智慧，而後者之所以還是眾生，乃是因為他們所造的染污業。

這個染污業是執著四相的結果。什麼是四相？就是《金剛經》所說的我相、人相、眾生相和壽者相；每一相的範圍涵蓋更廣泛的眾生。舉例來說，兩個沉浸在愛河的年輕人，戀愛中的人通常是想要愛情長久，不太可能希望今天相愛，明天就分手，於是就產生了一種態度：「即使愛到下地獄也沒有關係，只要能夠永遠相愛就好了。」從這裡，我們可以察覺到這四相當中的三種：墮入愛河的自己、被自己所愛的人，以及生死相續、愛情長存的欲求。那麼眾生相呢？當孩子出生後，父母親盼望他們事業有成，然後結婚、成家；而孩子自己可能也有相同的期盼，然後一代一代相傳下去，造就了無數的後代。就是因為這種繁衍的本能，所以才有了眾生。在這個兩人相愛的例子中，可以看出四相的執著。

▍四相如夢幻泡影

有一次，我問某個人，問他是否想出家？他說：「不是

我不想出家，而是我的父親想要抱孫子。」我說：「那就先生個兒子，再來出家囉！有了兒子後，你的責任就了了呀！」他回答說：「對呀！我就是想這麼做。」不過，我向他保證，一旦有了兒子，就不可能出家了。如果他的兒子也希望有自己的兒子，這種執著將一直延續下去。這就是眾生，生生不息，永無休止。

這四相就如同夢幻泡影一般，隨著因緣而生滅。緊緊抓住這些現象，而把它們當真，於是產生了自我的執著。自我的建立並非只來自自我本身，而是對其他種種所產生的執著，加強了自我意識，才形塑出來的。執著的主要對象可能是外在的人、事、物，也可能是來自於自我中心。有一位市長，年過五十還沒有結婚。你認為沒有家庭的負擔，他的執著就會比較少嗎？一點也不！因為他總是說：「我希望我的城市像這樣、像那樣。」好像整個城市都是他的一樣。這就是第一種執著──我執。

我認識一位將軍，他很了解第二種執著──對人的那種執著。這位將軍總是把重要的任務交付給有家室的人，一旦找到了適當人選，就先把他的家庭安置在非常安全的環境裡，使他無後顧之憂，也確保了他的忠誠。

我們已經知道，這四種執著造成無明的相繼，但究竟是什麼原因使無明無止盡地持續下去呢？答案有兩個。當自我被錯認為永恆的，那執著的不僅是現在的「我」，還有未來

的「我」。所以，當我們在為未來做準備時，也在造作與未來相關的業。當生命結束時，因為累積了無數未來的業，必會在來生承受果報。眾生因為不斷地為未來做準備，必將會一生又一生地來接受果報。因為老是在執著，所以永遠雜染不淨。

▌袪除執著眾生成佛

　　第二個答案，是與那些不依佛法修行的外道有關，無論他們的目的是成佛、求涅槃或是生天界。他們厭惡世間，因此想要逃離世間。求生天界的外道修行者，雖然可以累積福德而達到生天的目的，但他們在天界的時間還是有限，一旦福德用盡，勢必會離開，再度淪落生死輪迴中。

　　同樣地，那些為了逃離世間而尋求佛道的佛教徒，可能自以為到達了淨土，到達了涅槃的境界，但當福德用盡時，也不得不離開天界，再次投生欲界。然而這兩類修行者同樣會再努力累積福德，求生天界做短暫的停留。他們從未放下執著，因此仍然是雜染、不清淨的。

　　因為執著，所以造了染污業；也因為執著，所以生死相續，無明相續。眾生要成佛，就必須袪除執著，無所求，不懷目的。

第二部

———————

禪修之路

茶話

　　有些人喜歡濃茶，有些人喜歡淡茶，還有些人喜歡喝白開水。濃茶有刺激和興奮的作用，淡茶可以止渴，白開水則是補充人體的流質。濃茶像炎炎夏日的雷聲；淡茶像秋月；水則不是太陽，不是月亮，也不是雨，但非常地清澈和明亮。有些人喝濃茶是為了克服睡意和疲累，多數的人喜飲淡茶，只喝白開水的人是少之又少。

　　在禪堂喝茶可以是一種宗教的儀式，但更重要的是聆聽禪師的開示。事實上，像這樣的開示，稱為「茶話」。這些話就像是不同濃度的茶，依學生們不同程度的體驗，教授不同的方法。有些方法似毒藥般地強烈，有些較輕，還有一些是沒有特別用意的。

▌不同的茶，不同的方法

　　濃茶又稱為「苦茶」。那些正開始修行的人不適合喝這種茶。當行者從修行中獲得些許利益，但還不知道如何安心，則需要喝苦茶。就像是在烈日下酷曬或被雷聲驚嚇，苦

茶讓他們沒有機會懈怠。他們不敢陷入昏沉或是沉溺於散亂狀態。苦茶將會激起他們的「大憤心」，用功修行。這是為什麼臨濟禪師們慣用棒喝。這些方法就是苦茶，只給那些已經努力修行的人。如果，禪師對不精進的學生棒喝，他們會覺得很奇怪，甚至會被嚇跑。

有一類的學生要給淡茶，他們是渴望修行的初學者，但還不能消受濃茶。我會對他們說些安慰和鼓勵的話，讓他們覺得修行是愉快的。另一類學生，是已喝了苦茶，瀕臨失去修行決心。對於他們，我會權宜地給予淡茶，就像是告訴正要出發上路的人，「在越過地平線的地方，有一片美麗的田園，有樹、鳥、和宜人的鄉村景色，如果你一直往前走，一定會到那裡的」。

有一部經典談到有一個人對著他的牛大聲吼叫：「你又笨又沒用！這麼輕的負載，還不能走快一點？你難道沒有看到所有其他的牛群都加速超過我們嗎？」然而，這頭牛就是停在路上，拒絕前行，心想：「既然我沒有用，為何要動呢？」所以，這個人非常苦惱，去問走在前面的人：「你是怎麼讓你的牛走得這麼快？」他們回答說是用甜言蜜語哄騙著他們的牲畜：「你好棒，好有力氣。沒有你，真到不了任何地方；不久之前，你爬山丘好像沒事一樣，現在路是平坦的，更應該可以加速了。」所以，牛群很高興地快走。就像人類一樣，動物也需要安慰和鼓勵。

▌清清如水，放下執著

　　水嘗起來無味，是給那些修行非常好，但尚未進入禪門的人，也就是還沒有任何證悟經驗的人。他們已經喝過濃茶，喝過淡茶，並且對味道也有了特別偏好，也就是說他們傾向於太多的思惟，心念不能停止。他們既放不下方法，也或許還執著有個開悟的目標。他們受累於他們的經驗和聰明才智。對於他們，我會給無味的方法，比如：唐朝的趙州禪師用一些似乎沒有意義的句子：「萬法歸一，一歸何處？」「我在青州，做了一件七斤的袍子。」「什麼是祖師西來意？」或「庭前柏樹子」，這些都是「水」的句子，引導修行者放下所有的執著，拋開一切，達到開悟的最高目標。但也有人喝了苦茶，就可以頓時放下所有的執著，就像受到了電擊一般。喝淡茶也可以達到同樣的境界，不同的是，淡茶是漸漸悟入的方式。

　　你嘗過「水」嗎？那是沒有太陽、月亮、雨露，也沒有夜晚或白天的狀態。如果有，是否清楚明澈？當心是清澈時，必然也是明亮的，所有事物都存在，但分別心不在，所以無味。在這個狀態中，具體來說，這個人是不存在的。即使在烈日照曬下，他不會覺得是在豔陽下，一切仍是非常清楚。濃茶或淡茶，仍然是有個心，但清水就像是無心，濃茶和淡茶雖能幫助你趨向於無心，但終究還是需要飲清水的。

悟後的世界

當我在臺灣山裡閉關時，有一次在關房內，正走下樓梯，忽然間，心裡充滿了疑問：「是誰剛走下樓？」「是我。」「那現在站在這裡的是誰？」「也是我！」

「剛才走下樓梯的這個我，和現在站在這裡的我，是同一個人嗎？還是兩個不同的人？」我被這些疑問籠罩著，一整天都沒有進食。這是個疑情自然生起的例子，這種自然生起的疑情，力量是很大的。然而多數參加禪修的人是無法自然生起疑情的。因此，我們給他們一個方法，像是「我是誰？」的問題，來幫助他們起疑情。

在禪宗，這種稱為「話頭」的問題，是一個修行法門，行者專注地問一個單一的問題，以絕思斷慮。

當然，如果你沒有精進用功，這類問題也不會起什麼作用。在臺灣的一次禪七中，我問一個學生：「你叫什麼名字？」他回答：「陳。」我指著貼在牆上的名牌說：「不對！陳在那裡！」他說：「我在那裡做什麼？」當時他無法辨別他是誰，因為二十多年來他一直認為這個名字就是他，但現在他意識到這個名字和他無關，那他是誰呢？從那時

起，他心中生起疑情，就像是在一間漆黑的房間或一顆鐵球裡，完全無法看清楚任何東西，但知道外面有光，很想知道那是什麼！

　　從前有個在監獄裡出生的嬰孩，他的父親是前朝皇族。當新皇朝奪位後，囚禁了舊皇族的人，所以這位小王子就註定要在牢裡度過一生，而不知道有不同的世界。小王子以為生活就是如此，從沒有想過外面會有什麼東西。有一天一個被判終生監禁的老人，被關進了這間監獄，他對年輕的王子說：「從我被判終生刑期後，我就一直想著逃跑，你何不跟著一起來？我們可以自己想辦法逃出去，也可以等人來救。」男孩說：「別瘋了，我們在這裡衣食無憂，已經很好啦。你這麼老了，還要出去做什麼？」老人回答：「孩子！你不懂！失去自由是件痛苦的事！」「什麼是自由？」「監獄外面就是自由啊！」「你的意思是說，我現在在這裡不自由嗎？」

▋ 從「信」展開修行之路

　　老人每天不斷地想著要逃跑。一天他吃飽了，把碗打破，用碎片開始挖洞，王子站在那裡笑他：「你在做什麼！你這麼老了，等挖出路來，你就死了。而且，如果獄卒發現了，會把你毒打一頓，所以有什麼用？在這裡多舒服啊！」

實際上，男孩甚至告訴了獄卒：「這老瘋子計畫逃跑。」之後他們痛揍了老人一頓，關了他幾天不給飲食。王子因此很不安，對老人感到很歉疚。但老人一被放出來後，又繼續挖洞。王子想：「這人一定瘋了。」他問他：「外面有什麼這麼吸引你？」老人說：「這你就不懂，外面才有自由，這裡是處罰罪犯的地方，我寧願在外面活一個小時，也不要死在這監獄裡。」聽到這話，男孩不禁動搖了。他想：「也許像老人說的，外面真的比這裡好，否則他不會在被打和挨餓後還一直挖洞。」所以他開始幫忙這個老人。

畢竟這王子還只是個孩子，挖了一會兒，他就停了下來，把碎片丟在一旁，說：「這一點也不好玩，外面到底有什麼好？」於是王子就只是看著老人挖呀！挖呀！老人這樣持續不斷地挖了一年以上，年輕的王子有時會幫他一下，然後便停下來休息，那時老人就會說一些鼓勵他的話，男孩才會再過去把瓦片撿起來。漸漸地，老人終於把洞挖穿了，並且和王子逃了出去。當男孩到了外面，他驚叫：「外面的世界好大喔！為什麼不早點告訴我呢？」老人說：「我從頭到尾一直跟你說外面有多棒，但你就是不信我！」男孩說：「是啊！你說的和我現在看到的真是差太多了！」

從禪修的角度來說，你可以說那位老人代表的是曾經見到了自性的人，他知道悟後的世界是多麼地好，所以他願意不斷地努力修行。那位王子就好像是一般的凡夫，不相信有

佛性，或是信得不夠真切，所以有時受到了感動去修行，但缺少繼續用功的動力。

同樣地，在你還沒有生起大疑情，促使你精進用功前，你必須先從修行中得到一些受用，否則即使是用像「話頭」這樣的方法，也不會起疑情，那和不停地持咒沒什麼兩樣，頂多只能讓你達到深定或三昧的狀態。如果你希望用話頭開悟，首先必須要有深厚紮實的禪修根基。

釋迦牟尼佛的大願

　　參加精進禪修，抱著想要得大利益或新生命的希望，本來是很好的，但這種心態可能會成為修行的障礙。因為這種期待會分散禪修者的注意力，不能專注在方法上，而催逼得愈緊，障礙也就愈大。希望從禪修中得到利益或擔心修得不夠好，都是不正確的態度。雖然這種有所求的心態會產生反效果，但我們還是需要發願，才不至於在修行道上踟躕不前。

　　當釋迦牟尼佛坐在菩提樹下時，就發願：「若不證得無上正等正覺，絕不起坐。」佛陀為了實現這個願，而究竟見性成佛。因此禪修者應該要發起強大的願心，將全部身心投注於禪修中，只管用功。就像一個旅行者，一旦知道通往目的地的方向，就應該隨即啟程上路，即使還無法看到最終的目的地，也不需要感到懷疑或不安。發願讓我們確定方向及目標，而禪修則是達到目標的工具。發大願心和精進修行必須並行配合，否則只是浪費時間，而不能獲得真正的利益，頂多只是減輕一些業障罷了。

▌看見禪修的障礙

禪修的障礙有好多種，幾乎每個人都會遇到，在禪期的第一天，有些人就已經體驗到了。有的人會生自己的氣，而不懂得如何讓心平靜下來。雖然很想精進用功，卻困難重重。想要用功是好的，可是過於急切地要求成果，反而會變成一種障礙。這也是障礙顯現的一個實例。而其他的情形，障礙雖未顯現，卻是隱藏潛伏著。

有一句話說，未解脫生死輪迴的人如同熱鍋上的螞蟻。當清楚明白了生死輪迴的本質是苦，而激發精進修行以求解脫的人，則具足了適當的迫切心。確實，只有當一個人瞥見了他本有的自性，才會真正地生起要解脫輪迴的大憤心。反之，過度的急切和焦慮通常是來自於不健康的心態，例如嫉妒那些修行修得不錯的人。

另外，還有那些看起來或是自認為用功得力的人，他們見到美好的影像、聽到美妙的音樂，或是身體感覺到非常輕安舒適，這些都是方法用得好的徵兆，覺得歡欣是自然的。但如果產生了執著，這些經驗就會變成精進的絆腳石。因此，一旦有了這些體驗時，不要執著它，知道就好，然後繼續修行下去。

耕耘心田

禪修不是為了追求什麼事物，而是去發覺我們個性和行為的缺失。當我們內省觀照時，希望找出問題所在。經過自我省察，看到了缺失和問題，就是修行的成果。上次禪期中一位女士提到，當她愈常想到自己的短處，而又不知道如何祛除時，就對自己愈失望。她說：「或許我沒有能力習禪。」

當我站到她面前，頭上的燈將我的影子投射到牆上。我問她：「當我站定時，我的影子有動嗎？」她回答：「沒有。」然後我慢慢走開，影子隨著我前行。當我走快了，影子也亦步亦趨。不論我怎麼努力，都無法甩掉它。就如同影子般，我們的問題黏著「我」。只要有「我」，就一定有問題。如果你說：「我要丟掉這個『我』。」那個想要丟掉自我的「我」，還是存在著。

有丟掉自我的念頭加諸在「我」中，是不可能祛除「我」的。就如同身體還在，卻想要影子消失。這樣的話，禪修有用嗎？當然有用，因為我們可以改進。希望祛除自己的缺點或許是件好事，但是修行不是只有祛除缺點，因為自我還是存在。正確的方法是減輕自我在生命中的重要性，一

直減輕，最後缺點自然會消失。

　　不過，你不能過於急切，追求速成的結果。雖然佛法中說到有可能一生就悟道，但是要能完全免除痛苦，化煩惱為菩提，則要三大阿僧祇劫。既然我們的生命只有數十年，我們不要期待在一生達成所有的事。或許有些人會認為：「如果我今生達不到，那就不用去修了。」

▌ 刻意受苦並不能消業障

　　事實上，從釋迦牟尼佛悟道以來，還沒有其他的人成佛悟道，我們只是遵循佛的典範來修行。你應該就是專注於耕耘自己的心田。當然你可以試圖計算你的辛勞會帶來多少收穫，但那不會準確，也沒有必要。只要播種終必有所收穫。

　　刻意去尋苦受難能消除煩惱嗎？如果在禪期中有好的成果，那是很好。即使你是在苦痛中度過七天，你還是從中得到一些收穫，至少你償還了業報。不過，我認識一位禪眾，她認為刻意地忍受打坐的疼痛，可以消除業報。她也以為她可以代眾生受苦，來消除眾生的業報。

　　不過，這是錯誤的觀念，消除業障並不是刻意地去找苦吃。苦是會自己來的，自找苦吃是錯誤的想法。這就如同站在一位剛判你罪的法官前，你自己打自己幾個耳光說：「不用判我坐牢了，法官，我剛剛已懲罰自己了。」法官會因此

而延緩判你的刑嗎？打自己是不會使判刑延緩的，你還是必須為錯誤行為接受法律的制裁。

同樣的道理，為了消除障礙而懲罰自己是沒有用的。修行的目的是為了鍛鍊我們的心，不是為了體驗痛苦。不過，修行過程中，如果痛苦不請自來，我們應該接受。因此，即使我們能接受苦果是業報，但不需要去尋苦。否則，我們反而會給自己添加障礙，而不是消融障礙了。

苦修

　　我們熟知的許多禪師的名號，並不是他們的俗名，而是法名，一般是由弟子所尊稱的。這些法號通常就是禪師駐錫的山名，常常映現出他們道場的嚴寒環境。我們很少會看到跟夏天有關的法號。冬天，以下雪為徵，顯現了禪的精神，而夏天的精神是非常的不同。天氣熱，我們容易打瞌睡、昏沉，但是天氣冷，尤其是在山上，很適合禪修。舉幾個例子：有個禪師，法號「雪峰」，另一個叫「雪竇」，還有叫「雪溪」、「雪巖」的。這些禪師專找雪很多的地方去修行。

　　或許有人在山上修行不得力，想著：「待會或許休息一下，到山下走走吧。」不過要是遇到大雪連天，所有的路都被封死了，如果還是冒險外出，可能會跌到山下摔死。在這種時候，即使你不想打坐，還是得打坐。而且當四面八方都是雪，不僅哪兒都去不了，連吃的東西也沒有，只能吃雪。

▌置死地而後生

　　蕅益大師（西元1599～1655年）在九華山修行的時

候，有一次遇到一場暴風雪。因為身旁可吃的東西不多，穿
得又單薄，又冷又凍。他瞥見有棵松樹上結了些松子，但吃
了松子以後，身上還是冷。所以就用松子的殼，起了個火。
然後，他開始打量這雪什麼時候會停。情況看來不樂觀，
而且可吃的東西最多只能再維持一天，他心想：「我的時候
到了，我大概註定要死在這兒。」原本他還冀望找些食物來
充飢，再找些衣服禦寒的，但一旦接受了自己即將死亡的事
實，他什麼都不想吃了，身上也不覺得冷了，就坐在那兒，
等著被凍死。然後就真的一動也不動了。

　　過了幾天，有幾個人經過，看見他在那兒打坐，就說：
「嘿！你在這兒做啥？好一陣子沒看見你啦！」一聽到這幾
句話，蕅益大師睜開了眼睛，說：「怪了。我還沒死呢！」

　　另一個苦修的例子是虛雲老和尚（西元1840～1959
年）。有一次他在路上碰到了一場大風雪，沒有東西吃，又
害了病。隨後他到了路旁一間矮小的破房子，這房子只剩下
四面牆，沒有屋頂。不過，他還是走了進去，靠著牆邊的小
雪堆坐著。就像蕅益大師一樣，他也是坐下來等死的。地上
的雪愈堆愈高，最後把他整個人完全圍了起來。幾天後，一
個乞丐路過，把路上的積雪掃開，看到有個人坐在那兒。這
乞丐立刻從牆上抽出了稻草起火。接著拿出一口鍋子，溶了
些雪在裡邊，用他帶來的小米，煮了一鍋粥。虛雲老和尚感
到熱氣，回過神來。看到有人正在煮粥給他吃，而他並沒有

死。

在東初禪寺，我們冬天有暖氣，夏天有電扇，冰箱裡有很多的食物。沒有人會覺得自己將要死在這裡。那種感受在這裡是永遠不會出現的。事實上，在中國禪宗的歷史上，從來沒有一個祖師的修行環境，像我們這裡這麼舒適。如果我們每個人都把祖師這種苦修的精神，做為標準，我們會永遠感到慚愧。我們會清楚知道，自己還不夠用功，決心還不夠堅定。

有些人必須先吃苦頭，才能真正開始用功。沒有吃過苦，他們的修行完全使不上力。這種人要受苦、受磨難。千古艱難唯一死。修行人如果受苦到隨時準備要死，在修行上就很可能得力。

死亡的難題

　　古來禪宗祖師們面對的最大難題，就是如何讓弟子們提起生死心；如果對死沒有真切的體認，禪修不容易得力。一般年輕人或生活過得很安逸的人，很難感受到死亡。你們是否曾經思考過「死亡」？如果有，是不是覺得離自己還很遙遠，沒有什麼迫切感，也不需要去擔憂？我不知道你們對生命是無常的，而自己也終將一死的事實，有多少的體認或多大的感觸？或許死亡這件事還不足以撼動大多數的年輕人。

　　修行的人如果已經體認到死亡這個事實，一般會有兩種態度，最常見的就是恐懼，不知道自己何時會死也不想死，所以產生恐懼。他們或許貪戀生命中美好的事物，或許想要留下些名聲事蹟，博取後人的讚揚，這都是我執非常重的心態。

▌要成佛還是做鬼？

　　另外一種，是修行用上了工夫而不畏懼死亡的人。他們清楚地知道自己終將會死，而且死亡可能隨時來臨，因此要

把握時間做好應盡的責任，不希望死後還有未盡之事。他們
會好好把握時間用功修行，因爲他們尚未解脫，也還不清楚
死後的去處，但知道自己已經接觸了佛法，所以會盡其一生
努力修行。當然，這裡面也有一種「我」的執著，但這對修
行來說是必要的。如果沒有我執，你不會來到這裡；就是因
爲要解決自己的問題，所以我們才開始修行。

　　歷代的祖師大德們強調，修行時要把所有失落感和死亡
的恐懼全部放下。在過去，出家人一旦出了家，就會告訴自
己：「把色身交予常住，性命付予龍天。」無論常住或護法
要他們做什麼，都會照著去做；一切都只是修行，不需要在
乎自己的色身或性命。能夠無懼於死亡，接受死亡的事實，
是一種非常好的修行態度，有了這種態度，修行一定會得力。

　　有些人在打坐時，經常擔心自己的身體：「我感覺這裡
有點痛、那裡有點不舒服，再繼續坐下去，會不會發生什麼
事？」如果是這樣，修行永遠都無法成就。不但不應該擔心
肉體的死亡，連「靈魂」是否存在也不應該憂慮。如果眞有
某種形式的靈魂存在，並且可以成佛，那一定是妖魔鬼怪。
如果最終還有個什麼東西存在，無論是被稱爲妄心或者眞
心，必然還是會消失，否則就是個鬼了。你想成爲什麼？成
佛還是做鬼呢？

▌看透死亡不執著

中國古代，曾經有一位修行深厚的和尚，已經修練到神識可以出離身體。有一回打坐，他的神識又離開了身體，一個禮拜以後，大家都以為他死了，就把他的身體火化。當這個和尚回來時，因為找不到自己的身體，就對著空中大叫：「我在哪裡？我在哪裡？」因為一連吼叫了好幾天，把寺院裡的人都嚇壞了。你們之中也有人正在用這樣的方法，是吧？你們找到了自己的身體嗎？

然而，在這個和尚吼叫了好幾天以後，寺院裡的住持決定徹底了結這件事。於是就在叫聲來源的下方放置了一大缸水，當再聽到「我在哪裡」的哭叫聲時，住持就大叫說：「你就在下面這裡啊！」聽到這話，這個靈體就直落到缸裡，激起了一片水花。接著住持就大聲對他說：「你已經死了！你的所作所為，只不過是把自己弄成一個可憐鬼罷了。你真的解脫了嗎？你難道不知道，不管是五蘊或四大構成的身體都不是你？那你現在又在哪裡？」

此時這個和尚才明白，這個肉身不是他，而死去的肉身也並不重要。如果他還執著，以為自己就是那缸水，那他大概就變成水鬼啦。如果我現在放一杯水在這裡，而有人問：「我在哪裡？」那我會說：「在這裡（手指著杯裡的水）。」你們之中有人開悟了嗎？

放下

　　明朝憨山德清禪師（西元1546～1623年）教導的修行
方法是「念起即捨」，每當念頭生起，便立即捨去。這不是
抗拒或排斥念頭，只是不去理會它。因此，如果禪修工夫沒
有任何進展，很可能是因為你無法放下你的念頭。即使非常
用心在方法上，雜念仍會出現，這是很正常的，尤其是初學
者；與其受它干擾，不如把它轉化為精進用功的動力。

　　面對妄念，第一個問題是，你愈排斥它，卻來得愈多，
因為要趕走妄念本身即是妄念。這就像是一群蒼蠅環繞著一
盤糖果飛舞，你把牠們趕走了，但在你不留意時，牠們又回
來了。處理此類問題的最好方法是，不去理會它，妄念終究
會離開，就像蒼蠅一樣。

　　第二個問題，是你根本沒有覺察到妄念。等你覺照到
時，你已經隨著成串的妄念遠離了方法。這就像是騎馬打
盹，馬兒離開了道路去吃草；當你醒來時，你已經離開行徑
了。這類妄念最容易在精神和身體疲乏時發生。

　　當你發覺妄念時，別懊惱，焦慮只會增加更多的妄念。
不必懊悔自己沉溺於妄念中，放下它；放鬆心情，回到方

法。練習放下的方法是，先放下過去和未來，活在當下。要做到，不像說得那麼容易，因為妄念通常與過去和未來有關。即使你可以放下過去和未來，在某一個時候，你也必須放下現在。放下現在有兩個層面：外在的，也就是環境；內在的，即是身和心。

首先我們必須棄絕外在的環境，因為外境和感官接觸會產生印象，引發念頭。如果我們沒有意識到外境的現象，念頭是不會生起的。溫度、汽車、鳥、風、路人、明亮或黑暗，以及人們呼吸的聲音，都會影響你而生起妄念。一般而言，沒有外境的所緣是無法禪坐的，那最好就是放下所有來自外界的覺受。在你能做到只專注於自己的心和身體之前，你會聽到來自於外界的噪音，但是聽到就放下。

在放下環境之後，要放下自己，從身體開始。很久以前，有一位修行人，每次打坐都會睡著。為了解決這個問題，他把自己打坐的坐墊置於崖邊的石頭上。他知道如果打瞌睡便會掉落溝壑中。像這樣的人會修行得很好，因為他抱著死的決心來修行。因此，如果你經常為身體上的各種不適感到困擾——熱或冷、腿痛、癢等等，時時處處關愛著身體，那你永遠無法進入好的禪坐境界。

或許有些人認為放下身體比放下環境更容易，不過對身體完全不在意是非常難的。當你癢時，忍的時間愈長，愈是癢。因此你會去想，如果抓一下，那麼癢就會消失。但是一

且你屈服並開始抓癢時，身體其他的部位也會癢起來。如果你忽略它，那癢終會消失。同樣的，對治身體的痛時，你不能全身緊繃，那會讓你全身疼痛。只要放鬆，把疼痛孤立起來，想著：「那只是我的膝蓋在痛，和我身體的其他部位無關。」更好的辦法是以包容與己無關的態度來觀身體的痛。

觀痛或許會使痛加強，但它終究會消失。這樣做之後，你能夠回到方法，而且更能專注。如果你能一心專注於方法上，漸漸地你將會忘記身體的存在。當不再感受到環境和身體時，仍有一個念頭存在，就是「我」的念頭。最後，連這個也要放下，那就是把心也放下。

禪修的必備條件

　　若要禪修得力，必須要具備大信心、大憤心，以及大疑情。

　　如果對自己沒有信心，不僅修行沒有辦法深入，連做事也不可能有成就。信心是建立在日常生活中，以及對佛法的了解上；透過佛法，我們可以知道，釋迦牟尼是以凡夫身成就佛道，此外，佛陀也說過：「一切眾生皆能成佛。」因為相信佛、相信佛所說的法，所以也相信自己能夠成佛，於是就產生了自信心。而根據歷史的記載，有許多修行人和禪宗祖師大德們即因學習了佛陀的教法而證悟，同樣地，我們學習這些教法也可以悟道。

▍大信心，修行的首要

　　除了相信佛陀，對於修行有體驗的人，特別是自己的老師或師父，也要有信心。但僅僅初次見面，就要學生立刻生起絕對的信心，並不是那麼容易。同樣地，在剛開始修行時，我們很難相信自己必定能成佛，只有修行到了某種程

度，並獲得一些受用之後，才有可能相信自己一定會開悟。

因此，我不會要求我的學生，在一開始修行時就要相信什麼事情。而我會依據每位學生的性格及修行程度，提供他們不同的、特定的修行方法，甚至有時候會在不同的時間給予他們不同的方法。只有當他們從方法中得到一些受用後，才會對師父建立起信心。到那個時候，無論我指導他們用什麼方法，他們都會全力以赴、精進不懈。接著我會要求他們捨棄對生命的執著，放下自我的概念，以及所有的體驗。如果真能做到，那他們離開悟也就不遠了。

然而，即使有了大信心，如果沒有剋期取證、勇猛前進的大憤心去尋求開悟，還是無法很快地得到大的利益。這類型的人必須經過長時間地漸次修行，方能悟道。這就像逆水行舟一樣，除非持續努力，否則可能會退失，就算在禪修上有過很好體驗的人也不例外。因此在修行一段時間之後，很可能會感到身心疲憊，即使不是在打坐時睡著，也會覺得提不起任何心力來。在這種情況下，可能就會想：「也許該休息一下了。如果今天不能開悟，那明天再試試看好了。如果明天還是沒有開悟呢？不管怎樣，反正總有一天會開悟的。」這在修行上即是「懈怠」。

▍大憤心，精進修行不輟

因此，第二項條件即是「大憤心」，意思是要把所有的罣礙拋開，不斷前進。這是因為覺悟到：「如果突然死了，將無法在這一期的生命中完成修行。」抱著這樣的態度，你一定會拋開所有對生死的牽掛，只是認真、精進地用功修行。如果一位禪修者沒有這種非常迫切、直接，像是隨時都會死亡的感受，將很難生起大憤心。

某些學生或許會覺得我的要求沒有道理，特別是在禪修期中，因為我會要求他們盡可能縮減睡眠時間，只要還沒有累垮，就應該繼續在方法上用功。不過，有些學生無法承受這樣的訓練。遇到這種情況，我會用另外一種舒緩的方式，建議他們好好地休息，直到完全恢復，再回來練習。通常，這樣的方式也有用，往往學生在休息之後，會更加用功，並生起大憤心。

如果還是有人無法提起大憤心，我就會告訴他們，佛陀為使眾生離苦，如何苦修了六年，然後在悟道之後，又如何把修行的方法傳給弟子。從古至今偉大的禪師們，在開悟前，同樣也都歷經了長時間的修行，並將這些方法及經驗傳給後人。現在，我們享有的正是歷代覺者們努力的成果。我們毫不費力，就能在這麼短的時間內接觸到禪法，實在是非常幸運。如果已經體認到這一點，依然還是懈怠，就應該要

慚愧，感到愧對於禪宗的祖師大德，愧對於佛陀了！

此外，你寶貴的身體是父母給的，還有許多人在各方面成就了你，如果還不好好運用這一期的生命精進用功修行，並得到一些成就，實在是對不起那些給予你許多恩惠的人，那是你無法回報的。

▍大疑情，參本來面目

建立了大信心及大憤心之後，第三個修行的條件，就是「參禪」，目的是為了生起大疑情。這個「疑」與一般所謂的猜疑或懷疑不同，事實上，它是來自於對修行方法的絕對信心。這個疑是參禪必須具有的一種追根究柢的態度，以此引導自己去問自己的本來面目是什麼。既然佛陀說一切眾生皆有佛性，為什麼我不認為自己是佛呢？如果我不是佛，那麼我究竟是誰呢？我們毋需嘗試用知識、經驗或推理來回答這個問題，而是不斷問自己，直到所有的妄想雜念都消失；一旦念頭及環境都不存在了，自然就進入了悟境。

修行的態度及修行的結果

在禪期之間，我講了許多開示，幫助你們修行，也增進你們對佛法的了解，尤其是一些重要的修行觀念，信心、懺悔心和慚愧心，以及發願和功德迴向。現在我要將這幾個重點再詳細地解說一次，並指出它們之間的關連，最後，還要談一談修行帶來的利益，也就是法喜與禪悅。

▋信心

信心是修行中最重要、最積極正向的一種特性。它能讓你對方法、對自己，以及對指導的老師加深信賴，而且還能幫助你克服一切的障礙，確信佛、法、僧三寶能引導你走向修行的目標。信心和修行不但可以減輕自我中心，最終還能根除它。

修行最大的阻礙就是「疑」，而信心和信念正是它的解藥。只要你不斷地修行，就愈能體會修行帶來的利益；因此，你的修行愈進步，就愈有信心，信念也會增強。

有了信心，就會了解懺悔和慚愧的本質，以及必要性。

這也是我今晚要談的兩個主題。

▌懺悔

「因果」是禪法中最重要的原理、原則，意思是說，我們現在所遭遇到的種種事件，不管好壞，都是源自於自己過去的作為。進一步來說，我們現在的所作所為，也決定了自己未來的遭遇。

當我們了知自己過去所做的一切壞事，以及對自己和別人所犯下的惡行，就會看出現在所受的苦，其實就是這些行為的後果；因為這些壞事或惡行，而把我們帶到充滿困擾、苦惱的這一生來。不過，我們現在受的苦，有可能是來自於今生的行為，或是在過去世犯下的過失而今世不知。重點是我們現在所受的苦都是因為自己的所作所為，與他人沒有關係。由此就能體認到，我們的身體並不是真實的，而是一個業報身。當下這一生的身心之所以充滿了障礙，都是過去的思想、語言、行為直接造成的結果。

當我們了解受苦的原因後，就能為自己的行為負起責任來；承認過失，並發願改過，這就是懺悔業障。因此，懺悔就是要發現過失，了解原因，然後發願以行動來彌補，並且不再造作惡業。

當我們體會到，自己是因過去錯誤的行為而受業報，一

且起煩惱和受苦時，通常就會生起懺悔心。但要注意的是，懺悔是認知過錯並決心改變，並不是要去怨恨或討厭自己，或用頭去撞牆，懲罰自己、讓自己受苦；也不要認為自己是個很可怕的人，好像光活著就令人厭惡，不適宜與他人相處。我們只要認清自己犯了過失。

不管過去做了什麼錯事，都應該擺在一邊，沒有必要老是背負著它們。這樣的重擔，實在太痛苦了。但也不是說，把這些過錯完全忘記，好像從來沒有發生過一樣。

譬如我欠克里斯五十元，我要做的只是告訴他：「克里斯，我欠你五十元，兩年前向你借的，別擔心，改天一定還你。」這樣就好了，就可以去做別的事了。不必每次遇見克里斯就說：「喂，克里斯，我還欠你五十元。」所以，我只須說一次，但是必須要有誠意，抱著有能力就要還錢的決心。

沒有懺悔心，表示不相信因果；有這種心態的人，不會相信過去世和未來世，也不會相信過去對現在或現在對未來的影響。他們只知道「現在」，而這個現在是與其他事物毫無關連的；當下的事好像沒有任何理由就突然發生了，對未來也沒有什麼影響。如果認為一切事物都開始於這一生，也在這一生結束，這樣就落入了「斷滅」的邪見。從這個角度看世間的人，不會為自己的所作所為負起責任，也不會對未來的改變抱持著希望。

▌慚愧

　　另一個與因果同樣重要的觀念，就是因緣法。因緣是因
與緣和合的關係：一切事物互相依存聚散，都是由種種因素
和合而成，沒有一個是獨立存在的。了解因緣就是體認到，
現在的「你」是由其他因素和眾生所共同促成。

　　不了解因緣這個原則，表示你把自我看成是一個具體而
實有的東西，而非虛幻的假相。以禪的觀點，這是為什麼我
們需要有慚愧心。因為自我膨脹，自以為了不起。其實並不
是因為你有什麼偉大或能力，才有了周遭的一切，或是世界
也才會發生種種事情。

　　以我為例子來說，目前我身體健康，有得吃、有得穿，
也有遮風避雨的住所，還有機會聽聽這個、讀讀那個，還算
順利。但這一切並非我個人努力的結果，而是來自於許多人
的幫助。

　　慚愧心，就是看到你所成就的一切，沒有一件是單獨來
自於你個人的努力。如果我認為我的弟子們所有的吃穿用
度，全部都是我給的，那就太愚蠢了。他們所擁有的，當然
是他們自己的福報，跟我一點關係也沒有。我只是眾多因緣
當中的一個罷了。

　　再以東初禪寺為例。像這樣一幢房子，設備那麼齊全，
但我從沒想過它是屬於我的，或是全因為我的努力才能成

立，如果沒有其他人出錢出力、奉獻個人的時間，是沒有辦法成就的。

由這些例子，很容易可以看出，不了解因緣會讓人掉入驕、慢的陷阱。驕、慢這兩個名詞，在佛教的教義當中是有差別的。「驕」是一種過度自滿的感覺，是指一般凡夫；當自以為個人所擁有和成就的一切，都是自己的功勞時，便會產生這樣的感覺。「慢」則是專指修行者，有些擁有特異能力或化人無數的修行者，將這些視為自己的感應力時，就會生起慢心。不論驕或慢，都是自我中心的產物。

不了解因緣，一旦發展到了極點，就不再只是單純的驕、慢了，甚至會讓人執持所謂「永恆之神我」的邪見。有這種見解的人，看到周遭的一切，都認為是自己的貢獻，別人都沒有功勞。他完全執著於自我概念上，再也容不下其他事物。這樣的人把自己看成是全知、全能的，而且是永恆不滅的，所以相信自己會永久地存續下去。

自我中心會以各種形態表現出來，從只是相信有個實體的「我」，到主宰一切的神我都是，而慚愧心就是對治自我中心的良藥。

如果我們仔細研究佛陀的根本教法，就會發現「慚愧」其實是它們的基礎。當釋迦牟尼佛在世時，曾教導弟子修行的四個基本原則：

（1）知足；（2）少欲；（3）知慚愧（慚愧於執持自

我）；（4）樂頭陀（樂於過簡樸的修行生活）。

如果一個修行者少欲知足，就會歡喜過簡樸的修行生活。如果你正在修行，卻不知足，欲望還是很多，那表示什麼呢？那表示你是一個沒有慚愧心的人。由此可見，慚愧是這些教法的核心。

如果你的欲望眞的很少，那當然是最好了，不過大多數的人還是會有一些欲望。因此當發現心中生起欲望時，應該覺得慚愧，那表示你還有強烈的自我。當你認知到這一點，就會感到慚愧，如此就是在修行了。

我剛才說過，當你有強烈的自我意識時，要感到慚愧。但是身爲凡夫眾生，無論做什麼事，都會對自我、覺受和情感有一種執著。那麼愛呢？對於愛的感覺，我們應該生起慚愧心嗎？愛自己的配偶或兒女，應該感到慚愧嗎？

不是的！慚愧的意思不是說，走路應該老是垂喪著頭，或是爲了愛自己的配偶和兒女而感到罪過。但要明白的是，對配偶或兒女的愛，很可能是源自於自我中心、驕傲和欲望的產物。有時候看起來像愛，但其實是爲了滿足自我的欲望，這樣只會讓親人感到窒息，對他們並沒有助益。只要有這種感情，就永遠脫離不了生死輪迴。

修行人應有的態度是，把自己的兒女、配偶視爲眾生，也視爲菩薩；除了要把他們當作菩薩一樣地供養之外，因爲他們還是眾生，所以也要照顧他們。對他們不要有特別的執

著，否則會變成是自我的關注，而不是關注於他們的福祉。所以我們不僅要有慚愧心，還要去實踐，這樣自我中心就會愈來愈淡，對家人的幫助也會愈來愈大。

一旦生出慚愧心，並且體認到懺悔業障的必要，內心就會平靜下來。

▌發願與功德迴向

發願在禪宗的修行是很重要的一部分，我們每天都要念〈四弘誓願〉。開始是願度一切眾生，接著是願斷無盡的煩惱，然後是願學無量的法門，最後是願成無上的佛道。

我們並非一開始就發願成就無上的佛道，這是有原因的。如果一開始就只想到自己要成佛，那麼對眾生就不會有菩提心，這也意味著對自我太過執著了，如果想要開悟比登天還難。

藏傳佛教非常強調菩提心。請不要把菩提心想像成一種具體的現象，或是一種非常奇怪、特別的東西；它就是無我的態度，和對眾生的關懷。在藏傳佛教的修行裡，每一項都包含了菩提心。不管是拜佛或磕長頭，他們都會說：「我們做的每件事都是為了眾生。」對他們來說，沒有菩提心就不是修行。

他們的做法就是把修行的功德迴向給其他眾生，如此就

把功德迴向和發願連在一起了。唯有以菩提心來發願，也就
是以關切他人利益的心來發願，我們的願才能真正起作用。
因此，我們把修行的功德迴向給眾生，因為我們是以關懷他
人的心來發願。

▌關連性

　　現在大家可以發現，我所講的教理和觀念，彼此間都是
相輔相成、互有關連的。信心帶來信念，讓我們更有力量
承認錯誤，減少自我中心；也就是說，信心能讓我們勇於懺
悔，生起慚愧心。知道慚愧和懺悔，便能擺脫驕傲和慢心，
也不會為了自己的遭遇而怨天尤人。這樣我們便可以從我執
中解脫，也能夠為其他眾生來修行了，而這都能藉由發願和
迴向功德來達成。

▌法喜與禪悅

　　修行還可以得到兩種殊勝的利益，就是法喜與禪悅。法
喜是與引導我們思想、態度、生活方式的佛法觀念有關，禪
悅則是與鍛鍊我們身心的修行方法有關。
　　法喜就是透過佛法的觀念和理解，所獲得的滿足感。在
還沒有機會聽聞佛法和修行之前，我們是充滿煩惱的，但是

現在卻有機會聽聞佛法了。光是聽聞佛法和了解佛法，就帶給我們莫大的快樂。

禪悅是指透過修行，讓煩惱減輕後，一種身心放鬆的狀態。鍛鍊身心的方法有很多，例如打坐、經行、拜佛、唱誦。我們要練習的是用正念來取代雜念妄想，直到心念專注集中，妄念完全消失為止。那時候我們便能掌控自己了。這是身心統一的階段。

當我們進入更高的層次，也就是統一的大我時，就會覺得個人的存在真的不重要。這是因為自己與他人、身體與環境、身與心、自我與環境之間，已經不再有區別或衝突了。當你到達了這個境界，自然會有一種喜悅的感受。當然，即使是短暫身心統一的經驗，或是些微輕安的感受，也能帶給我們喜悅。

今天是禪七的最後一天，大家已經聽我說了相當多的佛法。雖然有些地方和時代聽不到佛法，但只要聽聞一句佛法就可以讓他們得到解脫。也許對現在的我們來說，要頓然開悟是不可能的事，但佛法還是可以引導我們好好過生活，幫助我們活得愉快安詳，以及克服或除卻失望、悲傷、嫉妒、痛苦等種種感受。

經過了七天的修行，有些人可能還不清楚到底哪些名相或觀念可以讓自己快樂起來。如果真的有這樣的感覺，請告訴我。有時聽得太多了，反而會覺得什麼也沒聽到；就像有

些人呼吸了一輩子，卻不知道空氣是什麼樣子。

　　大家有聽過因果這個名詞嗎？有聽過因緣這個名詞嗎？有聽過懺悔和慚愧嗎？有聽過發願和功德迴向嗎？這些是佛法嗎？有誰沒有聽過的？

　　這些其實都是佛法的精要。如果你相信因果，就不會為了自己的不幸而怨天尤人；如果你相信因緣，就不會在稱心如意的時候欣喜若狂，因為你知道單靠個人的力量是無法成就的。你會發現沒有一樣東西能夠獨立存在，一切都是環環相扣、互有關連的。任何痛苦或喜樂的事物也並非永恆不變，因為一切都是發生在一個虛幻不實的我身上。

　　如果你有慚愧心，修行得力時就不會起驕慢心，也不會嫉妒或羨慕他人。我們發願和供養時，一方面是要將全部的身心奉獻給三寶，以便能夠接受教導並致力於修行；另一方面則是要奉獻給一切眾生，這樣心中就只會想到眾生，而不是自己了。這樣子，當然看到眾生，我們就會很快樂。當我們培養出懺悔心和慚愧心，對佛法的理解自然也會加深，這不就是法喜嗎？

　　此外，過去這七天，我們用自己的身心來修行；雖然起初有許多障礙，還有許多伴隨而來的沉重感，不過七天之後，比起剛開始時，你的氣脈應該更通暢，感覺也應該更輕快，這不就是禪悅嗎？

　　運用修行的方法，讓我們的心從散亂變成集中，更接近

統一心的狀態。透過這些練習，我們就不會那麼情緒化，也不會那麼容易被情感所左右，而更能掌控自己的心。在任何情況下，對於周遭發生的事情總是清清楚楚；也能夠告訴自己，苦難並不像表面那個樣子。這不就是禪悅嗎？

在過去這七天，我也再三提醒大家：要放鬆。雖然要完全放鬆也許不可能，但是偶爾應該能夠稍微放鬆一下。有沒有人還沒體驗到放鬆的感覺？如果你知道如何放鬆，就可以從緊張的狀態進入身心安適的狀態。這不就是禪悅嗎？打坐時，當然可以練習放鬆；但是沒有打坐時，我們也可以在日常的活動中，練習著放鬆自己。事實上，隨時隨地都可以試著放鬆。

把心放鬆的意思，就是讓心停止工作；放鬆身體，就是不要過度用力，需要多少力就用多少力，身體才不會緊張。如果我們在任何情況下都能放鬆身心，那就是禪悅。因此我才會告訴你們，隨時隨地都可以享受禪悅。

法喜與禪悅這兩個名詞是相輔相成，互有關連的。千萬不要忘記了：法喜與禪悅。

第三部

路上風光

禪、禪修和神祕主義

　　有些人認為禪與禪修是同樣的東西，禪就是禪修，而禪修就是禪。事實上並不是如此。禪是透過不同層次的禪修經驗所達到的境界，卻又超越了這些層次。如果一個人只是修行禪坐，而沒有超越禪修的階段，那他最多只能達到統一心和不動心，這被稱為禪定。

　　當一個進入禪定的人，回到動態的日常生活中，很可能會回復到一般人心的狀態。一個人如果要維持禪定的狀態，必須不斷地修行，最好是離開日常俗事到深山裡去。然而，有了禪定經驗後，即使是回到世間，這個人也會因為有了這樣的經驗而有所改變。他或她會變得更穩定，也比未有禪定經驗的人更了解這個世界。

▌禪不等於禪修

　　真正禪的體驗是超越禪定的。當一個人的心達到非常集中而統一的狀態，禪的方法會促使你繼續下去，直到那個統一心也被超越了——也就是被粉碎了或被消融了——那時你

將體驗到無心。這時，心不會回到它原本散亂的狀態，因為它不在那裡了。不過，過一段時間之後，殘留的執著可能使心回復到平常的迷惑狀態。

我描述修行的層次，是從散亂心到統一心，這是禪修的階段。但這最後的層次——禪，是連統一心也消失了。以禪的說法，連統一心也是一種執著，對大我的執著，這是相對於我們平時的小我。在禪修的狀態，自我是無限、無邊際的，但是我們還是有一個執取的自我中心。

因為有這個執著，仍會分別「真」與「假」。比如，宗教人物常常認為他們所講的才是真理，而其他人說的是錯的。這些立場是基於他們的宗教經驗和延伸出來的信念，但是他們在「真」與「假」之間有一個清楚的界限。

這些人經常會覺得他們已離開虛假的世界，而進入一個更真實的世界，生起一種對這個「虛假」世界的敵意，因為他們不願回到原有的狀態。因此，在這種執取真實、排斥虛假的掙扎中，磨擦與二元分化就產生了。

禪，沒有執取真實、排斥虛假的偏執。禪包含整體一切事物，而視所有一切是平等、無差別的。因此禪宗的一個特色是，有許多稱為公案的故事或話語，似是矛盾，不合邏輯。

我自己有一句話：「鳥在水中游，魚在天上飛。」這是無稽之談嗎？其實很簡單，鳥和魚本來是沒有名字的，為何

不能稱鳥爲魚呢？此外，我們的生活也是如此簡單，一切現成。有什麼不對嗎？還有需要去找一個「眞實」的世界嗎？爲何我們認定這個世界是混亂而不快樂的呢？

▋禪一點也不神祕

　　每個個別的存在是實在的，但實相和幻相是不相離的。禪是超越平常而再回到平常。但如果說我們已經了解什麼是禪，那是自欺欺人。首先，一個人必須修行達到統一、集中的心，然後將這個心放下，回到平常的世界。在這境界時，這個人才是眞正解脫，而自由自在地優游世界了。

　　用一個比喻來說，平常心是見山是山，見水是水。接著，進入了見山不是山，見水不是水的階段，這是無分別的心。最後，連這個層次都超越了，而所見到的山和水，都是世界的一部分。這就是無心，卻包含了眞實的世界，沒有「眞」與「假」之分。

　　所以如果有人要將禪與神祕主義做比較，或許我們可以說禪修者有神祕經驗，但禪本身並不神祕。其實，禪是日用生活。事實上，在學術上與書中所提及的神祕主義，並不是我所認爲的眞正神祕。

　　那些口說神祕但從未體驗過的人，當然會覺得那些經驗很奇特。當一個人剛開始禪修，或進行其他的宗教修行，可

能會有這樣的經驗。這時，他們會覺得所處的狀態，異於平常實際的生活。但是這樣的經驗並不完整，他們的所知依然模糊不清，仍會認為這樣的經驗是神祕、奇特的。

　　然而，當一個人有深入的統一心經驗，或超越統一心，有了禪的體驗時，就知道這經驗不奇怪也不特別。相反地，這經驗是真真實實，一點也不神祕，只是普通、平常的生活。從這個觀點來說，平常人所見的世界可以說是奇怪、神祕的，而開悟的人看到的世界是真實而平常的。因此，我說，禪一點也不神祕！

觀空五層次

「空」要從「有」開始，但是有許多人因為不知道該如何從「有」到「空」，所以修行很難深入。

▎放掉思惟，空的第一個層次

空有五個層次，第一個層次就如同我告訴各位的，當我們來到道場參加禪修時，要把你們平常的想法與習慣，和所有禪中心以外的種種，全部打包起來，放在門外，讓自己從平常生活的思慮中抽離。現在我要講更深一層次的「空」，或者說「觀空」。

禪期的第一天我就提到，這個禪修中心對修行來說其實是個非常吵雜的環境（有車子、收音機、孩童等種種聲音），我也曾問你們，外面的噪音是否會打擾到各位？大部分的人都說：「不會！」後來在禪修期間，有一位學員說，其實對她造成干擾的並不是外面的聲音，而是師父的開示，因為我的話會不斷地縈繞在她的腦海裡。例如，我教大家要放鬆，她就只會坐在那裡，腦中不斷地響著：「放鬆、

放鬆、放鬆！」如果我教大家要像個死屍般，她就會不斷
地想：「我死了、我死了！」她說：「任何事情我都可以放
下，唯獨無法把師父所說的教法放下當成空的。」我告訴
她：「你必須放下。我所說的都已經過去，不必再去想它。」

　　如同我曾告訴各位的，打坐之前要先向自己的蒲團禮
拜，並發願接下來這炷香要坐得很好；但上座以後，就應該
連這件事情也完全放下。另外，還有一個學生，他發現自己
在打坐時，心中還會不斷地期盼，希望能坐得很好。所以進
入第二個層次時，我們不僅要把外在的環境觀成空的，連在
禪期當中內心所生起的種種現象也要空掉。

▌放掉方法、自己與環境

　　若想更進一步觀空，緊接著要放下、忘掉的是「方
法」，但是並不容易做到。忘掉方法是什麼意思？就好像戴
眼鏡一樣，平常我們透過眼鏡去看東西，但不會一直記得自
己戴著眼鏡。如果老是注意著眼鏡，那反而會變得麻煩。這
也很像穿新鞋，穿的時候很明顯腳會痛，感覺很彆扭，但如
果你能不在意它，反而可以發揮新鞋的功能，走得又快又穩
健。開車和騎馬也是一樣；開車時，必須忘掉車子，只是單
純地駕駛；而騎馬時，也唯有忘掉馬才能騎得好。我想這裡
的每個人大概都有這個問題，就是沒有辦法忘掉方法，而這

實在是一個負擔。

一旦把方法忘掉，表示你正在用方法，接著便可以更進一步，把自己也忘掉。就像一個男人緊盯著一個在大街上行走的漂亮女子，從不同角度打量著她，看到渾然忘我，失卻了方向，結果一腳踏進水坑裡。如果一旦忘掉了自己，就會忘掉自己所有的立場和觀點，還有身體的感覺，一切舒服或不舒服的覺受全都消失了。如果你只是把方法忘掉，而沒有忘掉自己，身體會感到非常舒服；接著，會忘掉自己，而所有舒服與不舒服的感覺都沒有了。如果周遭的一切還是存在，雖然已經把自己忘掉了，但卻很清楚地覺知周遭的環境。

最後，甚至連環境也忘掉了。聽而未聞，視而不見，此時便進入了定境。

對於這五個空的層次，你們大都能做到前面的部分，但「方法」還是沒有辦法忘掉，更不用說忘掉自己或環境了。這些對大多數的人來說，是很難跨越的大關卡。如果忘掉了方法，會感覺時間好像不存在，而且會坐得很好；如果忘掉了自己，性情上會有大的轉變；如果是忘掉了環境，那就入定了。到了最後這個層次，你的性格必將經歷一大改變，而我也會很樂意給你一個方法，幫助你進入「無我」的境界。

▌像爬樓梯般清楚

總括來說，這五個層次是：一、放下在禪期前，所有與日常生活相關的思慮；二、放下在禪期中，所產生的種種與身心無關的念頭；三、忘掉方法；四、忘掉自己；五、忘掉外在環境。每個人在打坐時都需反問自己，究竟是到了哪個層次？

依我個人的經驗來講，每次我打坐時，都會經歷這五個層次。我逐一捨離每一個層次，直到第五個層次。在過去，這個過程非常緩慢，隨著時間不停地練習，現在我只要坐下來，就能很快、很順利地從第一、第二、第三、第四，一直進入到第五個層次。我希望以後各位也能如此。

這個過程與佛典所描述的，釋迦牟尼佛修證的情況很類似，即所謂的「次第禪定」。他必須先進入初禪，才能依次進入第二禪、第三禪，以及之後的層次。當然，這並非是完全對等的比擬，因為我所說的是從凡夫心到定境——也即是初禪的境界，與佛陀所經歷的境界不同，但是這層層超越的過程是相同無異的。

有了這些說明，相信各位應該很清楚該如何著手修行了。當你用功修行時，將會清楚地看到這些過程的出現與演變。每當捨棄或放掉一個層次，而進入另一個層次時，你會知道接下來應該做些什麼。就像梯子的階梯一樣，每一步階

梯都已清楚地標示出來，我們只要持續地修行，最後都能很快地爬上去。

禪修的四大障礙

當你用功修行，並開始在禪修上得到一些受用時，有四種障礙必須要超越：

（1）光音無限；（2）澄澄湛湛；（3）一片悟境；（4）虛空粉碎。

▌第一、二層次：執著依在

在第一個層次，你感覺自己好像進入了定境。有一種光，是那麼明亮，好像沒有邊際似的，讓人感到非常清明和輕鬆；還有一種聲音，就像音樂般入耳，但又不是我們一般聽到的，是那麼的柔和、舒暢，很難用筆墨去形容它。事實上，此時你仍然是在時間和空間當中，因為光占有空間，而音樂則是隨著時間不斷流瀉，只因為你感覺那些光和聲音是無限的，所以就自認為已經解脫了。

在極度澄靜的第二個層次裡，雖然你還是在時間與空間中，但感覺上時空好像消失了，所以一整天或一整晚的時間，可能在頃刻間就過去了。有許多達到這個層次的人，以

為自己進入了甚深的禪定，或者是已經開悟了。當在這兩個
層次時，雖然會有開悟的感覺，但並不是真的開悟。

在第一個層次時，如果一直在禪坐中，是不會有什麼問
題。可是只要一起坐，進入了現實生活，就會被環境或種
種誘惑所動。也就是說，你還是有執著的。而當你超越第二
層障礙時，即使出了定境，你的心仍然可以維持在非常清明
安定的狀態，也不容易起煩惱。不過這頂多只能維持一個星
期，只有極少數的人可以維持兩個星期，不過定力終究都會
慢慢退失。同時這也並不表示，只要每次在坐前告訴自己：
「現在我要回到定境！」就能如你所願。

總之，前面這兩個層次，都還是有執著的。在第一個層
次，執著的是所體驗到的無限光音，還有置身其中的喜悅。
在第二個層次，則是對那份澄淨，還有內在深深的喜悅產生
執著。由於你對打坐已經有了執著，又想要再次得到相同的
體驗，那將會非常困難了。這時你唯一能做的，就是丟下這
一切，忘掉它，然後坐下來，重新開始，不再執著過去的經
驗。

上次禪七期間，我解說了禪修時會歷經的空的層次，以
及要如何才能逐步地進入更深的層次。同樣的道理，要從一
個有所執著的心境直接進入深定，那是不可能的事。必須先
從淺的開始，然後進入比較深的層次，再漸漸地深入下去。
一旦進入比較深的禪定，你的心就會愈來愈純淨，等到了某

一個階段，所有的執著就自然脫落了。

▌第三層次：需要老師指導

到了這個階段，如果沒有老師指導，你的麻煩可大了。原因有兩個：第一，你會不時地想要再進入那個境界，當然這並非不可能，但這種欲望相當麻煩。第二，你以為自己體驗的，是人所能及的最高境界了，如果這時沒有師父的引導，便會認為自己已經達到了最高層次。

問題是，雖然你是這麼認為，但還是不敢確信，因為在日常生活中，煩惱和執著還是會處處生起，這時候就會懷疑：「我真的達到了最高層次嗎？我到底有沒有開悟？」在心中反覆思考以後，你可能會做出這樣的結論：「沒錯！我應該已經達到最高境界了，過去的大德們，包括佛陀，可能也不曾超越過這樣的境界！」由於你對自己還有所懷疑，為了肯定自己的成就，就把過去的大德們拉到和你相同的層次，也因此生起了驕慢心。

如果要描述前兩個層次的體驗，尤其是第一個，那還有可能，但當你進入了第三個層次，就沒有辦法描述了。

一個開悟的人，他是如實地來看這個世界或宇宙，但那是無法用語言或任何其他方式表達的境界。他所見的和一般人完全不同；同樣的一片葉子，他看見的可能是三千大千

世界。這並不是什麼神通，因為此時已經沒有什麼東西是他看不見或不知道的，這並不是一般所謂的知識。如果要他描述，他也說不出所以然來。然而對這種經驗，他沒有任何喜愛或厭惡的感受，只是一種清楚覺醒的狀態。當一個凡夫到達了這個階段，會覺得自己已經所作皆辦，已經從生死苦海中解脫，和佛陀沒有什麼兩樣。這已經很好了，不是嗎？但還不夠好，如果你停留在這個階段，表示你心裡還有些什麼。是什麼呢？就是「開悟」這件事，覺得「我已經大徹大悟了」。

▋第四層次：繼續精進

因此，還必須進入第四個層次。到了最後這個層次，連空的境界也要粉碎掉。在空的境界裡，你感覺到一切事物都存在，但彼此卻是無阻礙的，這就是「空」。虛空粉碎就是把這個空的境界——悟境打破，不再有「我已經徹悟」的感覺。我告訴你們，只有到了那個時候，才能安心入眠，因為此時你才真正從所有的煩惱中解脫出來。

根據小乘佛法修行的進程，此是證了阿羅漢果，但證得了阿羅漢果後，還要繼續長養它。為什麼？因為將來還是有退轉的可能，因此必須不斷努力修行。有的人可能會想：「我們怎麼可能做得到？聽起來是那麼遙遠。」如果我欺騙

你，說你證得了第一層次就已經是徹底解脫的話，那是在傷
害你。如果你離證悟還很遠，就應該精進修行。

　　這四種障礙並不是絕對的，因為每個人都不一樣，所經
歷的過程自然也不相同。例如，有些人可能不需要經過前面
三個層次，就能夠直接進入第四個層次了。

對於開悟的三種錯誤觀念

　　一些禪修多年並有所體驗的人，可能會認為自己已經證得清淨的智慧，不再有對自我的執著，並進入了涅槃境。事實上，凡是自認為開悟的人其實都還沒有開悟，因為他還有一個會開悟的「我」。開悟並不是一樣東西、一種感覺，或一個可以進入的境界，如果是這樣，那開悟就太有限，太虛幻不實了。如果開悟還是一個目標，還有一個我可以從中獲益，那智慧仍是遙不可及。

▌有「我」，就不是涅槃

　　如果你才剛開始禪修，可能會以為聽懂了我剛才說的話，初學者要能夠體會深入禪修後的喜悅，畢竟是不容易。如果你修行了很長一段時間，內心突然湧出無比的歡喜，感覺自己好像進入涅槃了，你興奮地大喊：「真的，自我已經完全消失了！我進入涅槃了！」你真的進入涅槃了嗎？既然還感覺到有一個「我」進入涅槃，那終究還未證得最高的境界。但是這個體驗是那麼強而有力，因此就算是非常有經驗

的禪修者也很可能被誤導。這就是一個對開悟有錯誤認知的例子。

另一個例子是，當禪修者達到了自我中心消失、方法不見的時候，他感覺到完全的放鬆、自由，與宇宙合而為一，但對周遭境界漠不關心，因為他的自我意識已經消失了。那時心中並不是欣喜，而是完全的自在，所以並不會雀躍高喊自己已經進入涅槃。但在這情況下，不論經歷到什麼，他的自我還是存在的。

一旦離開這種寂靜的狀態後，他可能會聲稱自己已經明白什麼是涅槃，並且看見了佛的法身，獲得了究竟的智慧。如果你的修行工夫不及他，而想要否定他，他可能會立刻反擊，告訴你：「你沒有經歷過我的體驗，根本不知道自己在說什麼。」這樣的禪修者一般對自己的成就非常執著，如果你不相信他，他會十分懊惱。

更糟的是，如果這時剛好有人願意為他印證，可能是覺得他的經驗與經典完全符合，也可能是因為曾經有過相同的經驗，所以有這個立場來印證；那麼他會感到非常歡喜，並把那個為他印證的人當作真正的善知識。

▌開悟的人生不是夢

這位禪修者被稱讚時是那麼歡喜，被懷疑時卻又那麼氣

惱，那他所證得的究竟是怎麼樣的解脫呢？看來他所謂的涅槃是有問題的。對於這個論點他可能會回應說：「我對稱讚和批評的回應確實不同，不過我並不是為了維護自己。自從徹底解脫後，我已經沒有什麼事好在意了。不過為了維護佛法的尊嚴，我還是會譴責那些違背佛法的人，而稱讚與法相應的人。」

我們對此能說什麼呢？想判定這種人的修行是不可能的！重要的是，他所經驗的到底是什麼？如果這個體驗讓他覺得獲得了甚深的智慧，那他還是沒有進入涅槃。唯有當涅槃和生死輪迴都如夢幻般消失時，唯有當心是相當穩定平和，而快樂和悲傷等感覺都不復存在時，才是真的進入涅槃。

把開悟說成一場夢似乎很奇怪，但如果說生死輪迴與開悟都是虛幻的話，那禪修者只是努力地從一個夢境進入另一個夢境而已。其實，開悟本身並不是夢，是想開悟的念頭和悟境這個概念才是夢。因為在生死裡輪迴的眾生是生活在夢幻中，才認為有「開悟」這個目標可以執取；如果真的開悟後，悟後的人生就不再是一場虛幻的夢境了。確實，到那時候，開悟不復存在；當進入真正的悟境時，由於一切皆空，所以也沒有所謂的悟境。

▌ 禪修像登玻璃山

精進的禪修者就像一個試圖登上玻璃山的人，山坡很陡也很滑，更糟的是，上面還塗滿了油。登山者打著赤腳，每一次盡力往上爬，都還是滑了下來。但他還是不斷地嘗試，一次又一次地往上爬，直到精疲力盡地倒下不支，沉沉地睡去。當他醒來時，玻璃山已經不見了，才發現之前所有的努力都只是一場夢；根本不需要爬，也無所謂前進。

但在夢裡，山確實存在，如果當初沒有嘗試去做這件不可能的任務，也不可能從夢中醒來。我們修學佛法是為了解脫生死輪迴，而達到寂靜涅槃；但在過程中，可能會出現一些狀況，如之前我們說明的兩個因我執而自以為實證涅槃的例子，接下來的第三個例子，我們將檢核一個同樣是錯誤但完全相反的觀念。

有些禪修者，主張沒有涅槃，也沒有可以進入涅槃的我，因此對於稱讚、譴責，對於世事，甚至自己的修行，都抱著漠不關心的態度。這種態度相當不正確，甚至比前兩種更危險。前兩類禪修者起碼還能生禪定天，而第三種，則會想放棄修行。如果他堅持修行下去的話，還有可能生於無色界天；但如果他覺得反正一切都虛幻不實而放棄了修行，那麼正是因為這個無明，他不但遠離了人道和天道，很有可能會投生到畜生道。

這些有關開悟的錯誤觀念都很常見，即使是精進的禪修者也很容易犯。因此你應該可以明白，在修行的路上，有一位能指引你不落入邪見的禪師是多麼的重要。沒有老師的指導，即使對佛法的修行有很大的信心，依然有可能會走上歧路。

空性與孤獨

　　心與物質真實存在嗎？如果仔細去分析它們，我們就會發現它們的存在只是暫時的現象。難道這是說心與物質實際上是不存在的嗎？如果我們將時間不斷細分，就會發現時間並不存在；空間也是如此，如果我們不斷將它細分，分成更微細，我們將找不到真實存在的空間。不過，從另一方面來看，時間與時間中確實是有連接的，而物體之間的空間關係也是存在的。

　　因此，不了解佛法的人可能對空會產生兩種錯誤的見解。第一種是從時間的觀點來看，叫作「斷滅空」。持這種見解的人認定事物是自然生滅，沒有過去因造成現在的果，也沒有現在因造成未來的果。這是與時間關連的空。

　　另一種錯誤的空性見解叫作「頑空」。這是從空間的觀點來看，認為現象是全然的虛幻，因此不認真地看待現象。持這兩種錯誤見解的人，很可能會有道德或人格上的問題，也可能缺少生命的重心。

　　從佛法的觀點來看，空是非常的不同。佛教認為過去因造成現在果，而現在因造成未來果。可是如果我們將時間細

分成許多段，那麼存在就只在於那「當下」，所以並非是真實的。由於時間不斷地遷流，因在變、果也在變。沒有不變異的果，也沒有不變異的因，因此是空的，但因果不爽，依然存在。

問題一：在佛教的經典與著作中提到，涅槃不是由某種因所能成就的結果。如果說涅槃就是實相，那麼是否意味著達到這個境界的人就不受因果，是這樣嗎？

聖嚴法師（以下稱師）：涅槃並不是一個東西，涅槃是當你體驗、了解，以及認知到一切皆空。透過修行，你將逐漸經驗到沒有一個能執取的真實空間或時間。因此你可以說涅槃是修行的結果，而不是一個東西變成另一樣東西。如果一些事情發生了，我們並不能說它們沒有發生。如果我們無視於事情發生的事實，那我們就會落入「頑空」見。不過，如果我們了解無論發生什麼事，並非永恆或不變的，那就不需要對它太過於認真或執著。如果執著它們，就會產生煩惱。

如果你執著錯誤的空性見解與否定因果法則（業），你就危險了。你可能會以為一切現象都不是真實的，所以就不用遵守道德規範。由於沒有責任感，你將會造許多惡業而遭受惡果。執著存在的有會帶給你煩惱，但執著錯誤的空性見解將帶給你更大的麻煩。如果意圖避開對

存在的執著，卻落入錯誤的空性見解中，那就如同畏懼溺水而躍入火中。從佛教的觀點，我們會選擇中道，也就是說，存在是事實，但存在的本身是空的。

問題二：修行者必然會經歷兩種錯誤的空性見解嗎？

師：不一定。那要看他（她）是否得到正確的引導。尤其是沒有良好佛法基礎的人，可能會發生。有一個學生，在打完她的第一次禪期回到家後，覺得生活很悲觀而無意義。她想放棄一切，斷除一切與世界的聯繫，獨自修行。後來，她向禪中心借閱了許多書，到了第三次禪期，她的態度有了轉變，也敞開了心胸面對生命和世界。其他人也走過類似的歷程。這是由於經過認真的修行，這些人雖然對空性有了深的體驗，但在佛法知見上，基礎還不夠。

問題三：這種深層的孤獨感是從哪裡來的？

師：那些因為不了解時空真義而無法與外在世界連結的人，和那些不了解因果、因緣法的人，會感到孤獨。當我在閉關的時候，我知道我與十方世界無量眾生在一起。雖然看起來我是一個人在狹小、封閉的房間，實際上，我有許多螞蟻作伴，而屋外的昆蟲在夜晚發出各種聲音。當我打開佛經，幾千年前的古人在對我說話。我怎麼會

覺得孤獨呢？有些人認為我身為一個和尚，沒有妻子，沒有兒女，一定覺得很孤獨。一點也不。我有五戒和十善法做為伴侶，而所有與我有因緣，稱呼我為師父的人們都是我的兒女。

只有那些把自己孤立起來，而無法與外在世界建立關係的人會感到孤獨。如果你將自己封閉起來，即使你與數千人同住，還是會感到孤單。可是如果你敞開心胸，即使是一個人單獨生活，你還是會生活得很充實。因此敞開你的心，對待每一位你所接觸的人，如同親近善知識。

空與有

　　一個人的修持，可以從他對於空和有的認知中顯露出來。了解此點很重要，可以避免讓自己停滯於某個階段，而能繼續向前邁進。

　　當我們的心還不集中，也就是在未開始修行之前，或才剛從修行中得到利益時，我們會覺得現象確實存在。在這種心的狀態之下，「自我」是深植於一切事物中，比如「我的身體」，「我的衣服」、「我的朋友」、「我的房子」等等。

　　當修行漸入佳境，而進入非常集中的狀態時，心是單純的，只有少許妄念，而由自我中心所釋放出的壓力也會減少。這時候，會感覺到這個世界，以及這世界上的所有東西都可以丟棄，都是無關緊要的，甚至是不存在的。「我已經甩掉了所有的念頭，而且正在享受解脫的喜悅。因為什麼都不存在，我是這樣的無拘無束、安逸自在。」但是，當仍有這個念頭時，雖然自認為是空，實際上仍是在有的狀態，仍然住於解脫與快樂中。

　　當一個人進入只有一念或一心的狀態時，可能會感覺到自己與宇宙合而為一，擁有無窮的力量，也感覺到對眾生有

極大的同情心和慈悲心。這是在「雙重肯定」的階段，也即是深層的「有」的狀態。雖然這個自我感擴大了，不再是自私的，卻感受到能量和責任。由於一個人的心力取決於自己過去的修行，如果沒有厚實的修行為後盾，雖然仍可以達到統一心，但不會有強大的能量與責任感，也不會生起慈民濟世的心。因此，在人類歷史上，偉大宗教家的出現是很稀有的。

　　接著下一個階段，是進入無念或無心的層次，也是稱之為「雙重否定」的階段，在這個階段，視「空」為空，是為真空。如果對於空仍有執著，或自認為空，而實際仍是在有的狀態，則稱為「頑空」或「假空」。但是在無心的階段，一個人確實認為連這個「空」也是空的；因為連空都空掉了之後，「有」重新被肯定了，不過這個有是無執著的有。雖然無執著，但是他絕不會覺得世界是無意義的，如果被問到：「您修行修得如何？」他絕不會回答說：「喔！修不修行對我來說都無所謂。」

　　通常當我們對某些事情有強烈的感受時，會感覺到它是存在的。如果空也是要建立在感受和感情上時，那不是真正的空。只有在不受感覺和情緒的牽絆時，才能如實、真實的體驗事物，也就是說，同時體驗到妙有，也體驗到真空。對修行人來說，只有到達這個層次時，才算是進入禪門的第一階。

問：修行的進展，是否可以說是：一連串地、不停地否定個
　　人已達到的階段，而去肯定新的狀態？

師：事實上，過往經歷的階段和現在所體證的，並不是兩件
　　不同的事情。我們說煩惱即菩提，意思是說它們並不是
　　兩件分開的事情。因此，「否定」並不是說，在生出智
　　慧前，必須要先厭離或是袪除煩惱。同樣地，否定娑婆
　　世界也不能使你證入涅槃，它們是同樣一件事，只是在
　　修行的過程中，因為個人的體驗，而有不同的認知。

第四部

本來面目

自心淨土

　　當你在你家的範圍內，你可能會覺得是家中的主人，但是如果有一群人也住在那兒，那種屬於你所擁有的空間感會漸漸消失。而當你到鄉間時，在廣大的天空及土地所形成的天地中，你會覺得自己很渺小。同時，在這個廣大開放的空間裡，你會覺得大自然是你的，即使有很多人在那裡，你仍會覺得很廣闊。

　　因此，當在室內停留一陣子後，大家都應該到戶外，一方面體驗自己的渺小，另一方面去感受自我的巨大。實際上，小或大是全然相對的感受，取決於我們如何看待我們的環境。

　　寒山，一位唐朝著名的詩人，在詩裡寫到，白雲是他的被單，石頭是他的枕頭，大地是他的床褥。（編按：《寒山詩》第七首：細草作臥褥，青天為被蓋；快活枕石頭，天地任變改！）因為他的心胸廣大，雖然他無一物，但無一物不是屬於他的，這樣的人可以活得很自在逍遙而沒有煩惱。

▍將心胸打開

　　人們獨自走到大自然中時，會覺得些許孤單，因此，多數是群體出遊。但他們往往將自己的狹小世界移植到這個大世界中，依然感到隔離，「我是跟這一群人的，不是那一群」。我們不該像個蝸牛，把房子揹在背上走，當另一個動物靠近時就縮回去。不論我們認不認識這些人，最好不要以社交關係將他們分類。對身邊的動物，鳥、蝴蝶……等，要友善親近。就像煙囪裡的煙消失在空中一樣，我們應該要消融「團體」或「家庭」的意識，真正融入我們所處的生活當中。

　　我們來這裡，如果還是談論平時一直談的事情，那不如待在家裡。當我們來到大自然中，應該放下每天的瑣事雜話，放下主觀的心理活動、判斷和分別心，將心胸打開，觀察大自然。

　　自佛陀時代，出家人到山中靜修蔚為風氣。他們住的小茅屋，通常是易於搭建又能很快拆除的，便於他們移往下一個地方。這樣的生活，是不會養成群居的心態，而會孕育出與宇宙萬物同為一體又相依相存的感受和態度。釋迦牟尼佛原本無意形成特定的團體，或待在某一個地方，因為那會助長特定的思惟，區別內與外、大與小、你的與我的。

▎無一處不是淨土

所以，在此次郊遊中，我們要去體驗大自然的廣大。如果我們能真正地放開心胸迎向大自然，而大自然也接納我們，我們就會如同詩人寒山般，感受到自己就像大自然般的廣闊。

在我們剛抵達這裡時，有個小男孩很怕滿地爬的吉普賽毛毛蟲。牠們看起來真的很奇怪、可怕，滿身是毛，吃掉樹上的葉子。不過你再想想，人類也不過是隻更大的蟲。我們也有毛髮，也吃綠葉，只是綠葉是夾在三明治裡吃。人們總認為自己是特殊的，有別於他人和自然界，好像是宇宙萬物中的頂上皇冠，這種態度是源自於我們的思辨能力和獲得知識的能力。但實際上，大自然卻未曾在愚智間做分別。

《阿彌陀經》中說，在淨土中，青草綠樹都非常的清淨莊嚴，微風和鳥鳴都在宣說佛法。如果人們能袪除自我中心，把自己視為大自然中的一部分，那當微風吹動，百鳥齊鳴時，他們就會聽到佛法。只要心清淨、平等無分別，無一處不是淨土。

正確的心態

　　當你開始禪修，第一個目標是練習你的方法直到身體的不舒服，不再是個困擾，而且心是穩定的。下一個階段是用方法達到身心統一以及內外統一（自己與宇宙統一）。當身心合而為一，你會感受到身與心的舒適與自在。如果你能進一步到達內外統一，你會覺得自己與世間的一切是無分別的，而一切人的安樂都與自己直接相關。如果你還沒到這個程度，就要持續著例行的禪坐，同時也要在日常生活中培養良好的態度。要了解你的想法蘊含巨大的潛能，如果能導正心行，會比只是打坐能更快達成目標。

▌自己要不自私

　　我們應該對人我的態度下工夫。首先，我們至少應該放下一些自私心。如果能這麼做，我們的煩惱會減少，而我們也更能夠幫助他人。什麼是自私心？就是追求我們想要的而逃避不喜歡的，這兩種態度都是以自我為中心。事實上，現在人的心態是過度關注於個人的利益。因此儘管今日的生活

水準高，但人們卻心靈貧乏，無法找到安全感、寧靜和快樂。

　　一個好的解決方法是抱持著「該來的總是會來，該去的總是會去」的態度。你所擁有的就是你該得到的，不應為自己的成功感到驕傲，或為自己的失敗而懊悔；擔心未來可能發生的不幸，或幻想美好的未來都是沒有用的。我們現在的情況源自於我們的家庭背景、教育，以及個人努力。

　　我們可以很輕易辨識這些因素，因為它們與此生有關。然而有許多境遇是無法只以這些因素來解釋的，比如說兩個有同樣背景及才智的人，可能有不同的遭遇。這是因為我們的業不僅是來自這一生，而是受到過去無量生的影響。因此，如果我們遭遇到不幸，應視為償還過去的債務。應該為償還前債、債務減輕而感到高興。

　　另一方面，當我們獲得成功，就表示那是在提取過去世存下來的財富，因此沒有理由感到驕傲。實際上，我們提取愈多的財富，這個「無形銀行」中的存款就愈少。我們應該留意不要耗盡我們的存款，而且要更努力多做有意義的事來增加儲蓄。如果我們接受業報的事實，便不會心存這麼多怨恨，而能夠多行善事來塑造我們的未來。

▌對他人不抱怨

　　至於對他人，我們通常會過度批判與期待。當他們的表

現比我們預期中差的時候，我們會感到失望。如果我們能體
諒、有慈悲心，便會反問自己在同樣的情況下會怎麼做呢？
這樣我們的煩惱會減輕，而其他人也會覺得我們比較好相
處，甚至會向我們求助。有一句話說「水清則無魚」，換言
之，我們不應對別人要求完美。

不可否認，有一些人是有不良企圖。有一些人是在你真
正需要幫助時與你保持距離，而當你情況良好時提供協助，
期望你的回饋。但你不要把他們當做壞人。如果有人占你便
宜，應該感謝有機會償還業報。

如果在困境中，我們還加諸怨恨和報復，對方也會以同
樣的方式回應，這樣就成為永無止盡的循環。與其如此，不
如用慈悲感化他們，放下這次的事件，下一次仍毫不保留地
協助他。或許他會受到感動而成為你最好的朋友。佛教常說
的一句話：「因緣不可思議。」這就是說人我關係和狀況是
不斷地變化，我們無法預料下一刻會發生什麼事。

如果有人欺騙你，這也是因緣和合的結果。在不同的因
緣組合下，他或許會有不同的行為。有了這樣的正確了解，
不僅可以驅散你對事件所產生的厭惡或嫌恨，也可以讓你對
別人有好的影響，進而為所有的人創造一個更好的環境。

「無心」思

　　思考是探究、省察，以邏輯、推理的方式來分析事情。
首先我們要知道思考本身不見得會引起煩惱。譬如一些佛、
菩薩和祖師的塑像，特別是西藏密教的塑像，常有頭傾斜一
邊，顯露出思考的模樣。不過，有目的的思考和無目的的思
考是不同的。一般人思考時，心中懷有目的；有目的，就有
目標，而有目標時，就有個自我想要達成那個目標。然而，
菩薩在思考時，是沒有特定的目的；一個沒有自我中心的
人，當他行事時，心中是沒有目的的。

　　菩薩的思惟是從「三昧」的禪定中生起的。在此定中，
心是統一的，沒有自我。因為如果有我的意識，就表示有一
個「自我」，與我所思惟的對象有別。在這種情況下，至少
有兩個念頭：我和我所想的。有這兩個念頭，心是無法完全
統一，也無法進入禪定之中。菩薩沒有自我中心，常住於定
中，可以在沒有心理建構下行事。然而，這樣的思考是否能
如一般的思考同樣地運作呢？當然可以，不過菩薩的思考是
更廣闊、清澈，充滿了智慧。

▌ 學習無為的思惟

對佛和菩薩而言，思惟不是一定需要的。不過，當他們說法或度眾生時會思惟。大乘佛法認為佛陀有三身：法身、化身與報身。思惟對法身佛不是必要的，而應化眾生的化身佛卻一定會思惟。什麼樣的思惟呢？化身的佛在人間出現時，必定會用人的思考。不同的是，化身的佛和菩薩在行動時是沒有特定的對象，他們應現世間度化眾生時沒有自我存在；一般的凡夫，無論他們怎麼說、怎麼認為，總還有一個自我。

雖然我們大多數的人，還無法達到那樣的境界，可以沒有自我、不懷目的地運作，但知道有如此的境界，對我們仍是重要、有幫助的。在日常生活中，當我們被得失吞噬，當自我與環境起了衝突，這個認知便格外重要。遇到這種情境時，要提醒自己「無為」（asaṃskṛta）的境界，也就是無所緣的境界，在這境界中，我們可以沒有自我中心，不懷目的地行事。即使我們一時間還不能做到，仍應當努力學習效法諸佛菩薩。每當我們與他人或與環境起了衝突，可以反觀自己是否被自我和「我」的目的所擒獲。如果我們能趣向無為的心態，這些衝突或許都可以解決。

「有為」（asaṃskṛta），是有所緣境，是有自我的。當有一個自我存在，我們所遇到的，都是六根摘取的對象（六

塵），而這些對象是來自於我們的身體和身體所處的環境。
既然這些對象是來自於物質界，那麼思惟能與物質脫離嗎？
即使思考的是抽象的概念，我們仍需使用符號，而符號也是
藉由物質現象塑造出來的。這也就是說，沒有物質做為憑
藉，我們是無法思惟的。

▌不唯物也不唯心

如果說，有現象才有思惟，而且只有透過思惟才能達到
精神領域，那我們將陷入唯物論，相信現象是真實的，但佛
教經典沒有引導我們朝向唯物論的觀點。

《圓覺經》告訴我們，當我們的心對六塵反應時，思惟
才會生起。我們也可以反過來說，如果心不起作用，就不會
感受到六塵。例如當你在無夢的沉睡中，有什麼存在於世
界？可以說什麼都不存在。同樣的，當心全然昏昧，如陷入
昏迷狀態時，什麼都不存在！因為心覺察不到任何東西。然
而另一方面，當心全然明朗和極度敏銳時，對於物質世界也
是無所覺知。因此在這兩種截然不同的狀態中——當心極度
的明朗或極度的昏昧時——對物質世界是沒有覺知的；只有
當心處於平常的狀態時，對於六塵和一般的物質才有所覺
知。然而，當心在動時，當心對物質有所覺知時，物質才存
在；當心沒有這樣的覺察時，現象不能說是存在的。這樣的

推理演繹會導致一個觀點，而這觀點和唯物論是相反的。難道《圓覺經》是導向純唯心論嗎？

　　心只有在對現象反應時才起作用，這包括物質和心理現象。如果我們假設現象只有在被心體驗時存在，那麼現象和心都不是真實存在。因為如果現象是獨立存在的，它們不會仰賴心的覺察，而如果心是真正的獨立存在，心的作用不會憑藉物質世界，因此我們既否定唯物論，也否定唯心論。

　　如果我們知道心是沒有實體的幻相，以虛幻的心追求佛果，將導致更多的幻相，就像是看到空中花一般，我們可能甚至更進一步，以為自己看到開花結果。但由虛幻的花朵所結成的果實，是不可能比花朵本身更真實、更具有實體。因此用一個自我、虛幻的心去探測深奧的佛果，是徒勞無功的。

▌無所求的修行

　　雖然有情眾生嚮往成佛，但如果以一個有自我中心的態度去修，是不可能達成的。要去掉這些態度並不容易，為了達到成果，修行者可能一時提起勇猛精進心，忍受莫名的痛苦，但要長時間堅持下去就很難了。到頭來，他們或許會明白修行不是那麼簡單，解脫煩惱也是不容易的，更不消說成佛了。實際上，有些人開始修行後，產生了更多的煩惱。有時候，他們可能會想：「我先停下來一段時間，等準備好了

再來修行。」我遇過不少人，開始時非常努力地修行，但一段時間後就鬆懈下來，最後還是離開了修行之路。

以無所求的心來修行是最好的！愈是追求修行成果，愈是活在幻相中，而離見性也就愈遠了。我們應該保持安定平穩的態度，遵循佛陀的教導，不要去理會修行是否有進展，煩惱是否解脫了。沒有這些罣礙，煩惱自然會減少，而在不知不覺中進步。如果我們急於有所進展，那我們可能會失望，也可能會因幻相破滅，最後就放棄修行了。當我們能夠不懷目的、心無所求地思考，並能放下自我中心時，圓滿證悟與成佛是可能的。

主在什麼處？

　　當雪巖祖欽禪師（西元1215～1287年）的弟子高峰原妙禪師（西元1238～1295年）拜見雪巖祖欽時，雪巖問他：「你已經修行了這麼久，日間醒時做得了主嗎？」意思是說，當你白天醒著時，你能夠不去想不該想的事，能不做不該做的事嗎？高峰回答：「做得了主。」這已經是非常好的了，只有修行很久的人才能夠這麼說。雪巖又問：「夜裡做夢時做得了主嗎？」高峰又回：「做得了主。」接著雪巖又再問：「睡時無夢、無想、無見、無聞，主在什麼處？」

▌做得了主？

　　高峰禪師已經參「無」字話頭參得相當久了，但這個問題完全把他給問住了。（編註：一種問問題的修行方法，例如「什麼是無？」稱之為「話頭」，這和公案的修行是相關的。）他重複問自己這個問題，但無法回答。於是雪巖告訴高峰：「從現在開始，你不要研究佛法，也不要讀經釋論，就只是修行。怎麼修行？餓了吃飯；睏了睡覺；醒了起來修行

去。」

從那個時候起，高峰禪師餓了就吃，累了就睡，一心精進修行。他怎麼修？他問自己：「主在什麼處？」即使睡覺時，他也繼續問：「主在什麼處？」

這裡涉及了幾個層次，首先是當我們醒著的時候是否能夠做得了主，能夠不去想我們不要想的，能夠不去做我們不要做的。在這個層次裡，你們之中有多少人能夠做得了主？如果不行，為什麼？高峰禪師的第一個回答，顯示出他的修行已經在一般人之上了。

在夢中做得了主是更高的境界。表示能在夢中控制自己的行為，而且也能掌控夢的類型和內容。你不會胡亂地做沒有意義的夢，而且在夢中，你的心非常的清明。這樣的人在夢中仍然確實地在修行，隨時能保持正念或善念，也就是說，不會在夢中去想或去做在日常生活中不能做的事。在夢中做得了主，表示你能在夢中持續著白天的修行。如果白天你在禮佛，在夢中你也會持續地禮佛；如果你念佛，即使在夢中你也在念佛。如果你在度眾生，夢中你也是在度眾生；如果你參話頭，即使在夢中也離不開話頭。

▎我找到你了！

完全無夢是更高也更難達到的層次。如果你能不再做困

擾的夢或是惡夢，已經是非常好了。對一般人來說，不做夢是很困難的。聖人寢而無夢，他們只是在休息的狀態，高峰禪師已經到達這樣的境界了，至少大部分的時間他能夠不做夢，但這是否表示他的問題都解決了呢？實際上，睡覺時不做夢只是表示他的定力非常好，並不一定就是開悟了。

因此雪巖禪師對他的逼問是非常應機的，而這個問題也成為高峰的話頭。他不斷地問自己：「當我入睡，無夢時，主在什麼處？」因為問這個問題使高峰心中產生大疑情，他持續問了五年。不過，記得嗎？在他開始問這個話頭之前，他已經能在醒時和入夢時做得了主。所以在此之前，他已經修行很久了。

在一個夜晚，高峰禪師睡醒後伸手去拿枕頭。就在這時，枕頭落地發出了巨響。聽到響聲，高峰大喊：「哈！我找到你了！」疑團粉碎了，高峰禪師從黑漆桶底躍出，乍見光明。這是個修行人開悟的例子。

是夢？是醒？

　　佛陀說，人生如夢幻。尤其當生命充滿著歡喜和快樂的時候，要把它當成是場夢，何其困難。沒有人想從美夢中醒來，更不消說視生命如虛幻了。如何分辨自己是在夢中還是清醒的呢？佛陀告訴我們，睡眠是由短暫的夢結合起來，而生命則是一場長而久的夢。你可能發現自己身處夢境而覺醒過來，但很快又再落入夢中。佛法中有提到，從人生大夢中清醒過來，這是指一個人終於了悟了自性。眾生如果沒有這種體驗，將永遠沉睡於人生的春秋大夢中。

▌修行讓久夢覺醒

　　我們總認為夢不是真的，而清醒的時刻才是真實的。但是當我們發覺身體本身，還有這個世界、生與死都是虛妄的，才明白睡著與醒著的時候，其實都如同夢境一般。

　　中國有一位知名的攝影師郎靜山，他把在黃河和長江所拍攝的照片，重新組合起來成為一種中國山水畫，整個畫面呈現出的意境，是由許多的片面交織相成。我們的心也是這

麼地在運作，人生的經歷就像碎片般的儲存在潛意識之中。我們的記憶通常並不完整，而是支離破碎的片段，然在某一個時間或地方，這些片片段段就出現了，做夢時也是如此。

我們都曾有過這樣的經驗，一種似曾相似的感覺，牽動著情感與心中的回響。就像印象派的照片，這些都不過是片段的表相，映現出個人的經驗、思惟和幻想。只有少數的人知道自己在做夢，而更少數的人願意從美夢中醒來。未見自性的人總以為自己是清醒的，覺得自我的生命是真實而沒有痛苦的。當他們察覺「我」是虛妄的時候，才會發現自己已經做了好久的夢，充滿了痛苦的夢。

然而很少人能夠領會，必須經過認真的修行才能體認人生如幻的本質。僅僅聽我的開示、看一本書，或從知見和觀念上去理解是不夠的。很多人知道佛教講修行，但真正願意實地去修行的人很少，而能夠每天認真修行，從久夢中覺醒不再入睡，並見到自性的人，更是少之又少了。

▋夢虛妄而易逝

中國有一個很有名的民間故事，叫作黃粱一夢。它是說，有一個年輕人進京趕考，想求取功名利祿。途中遇見一位老人正在煮小米粥。老人見他旅途勞累，就給了他一個枕頭，叫他歇息一會兒。年輕人躺下身後，就沉沉睡去，並且

做了一個好長好長的夢。夢中，他考中狀元，和公主成親，並做了朝廷的宰相。之後他還納受了許多妻妾，到了一百歲時，兒孫多得不可計數。

他享受著健康長壽和富貴榮華，乃至到了這般高齡，還不想面對死亡。畢竟時辰還是到了，兩個惡鬼把他抓到地府，因為他曾經濫用職權，侵占公款，地府的判官處了他極刑，懲罰他上刀山、下油鍋，他遭受無比的痛楚，聲嘶力竭地哭嚎。就在此時，老人叫醒了他，原來小米粥已經煮好了。

雖然老人只花了兩小時煮粥，但年輕人的這場夢卻足足經過了一百年之久。光陰飛逝，不只是夢，我們的日常生活也是如此。有時候，夢裡好像過了很長久的時間，但現實人生卻只經歷了幾分鐘而已。這種不同時間經歷的感受，在打坐時也會發生。當腿痛無法專心的時候，時間過的緩慢無比；而當腿沒有不舒服，心可以專注於方法上時，時間就過得特別快。

夢本身是虛妄而易逝的，而我們對於時間和現實人生的覺知也像做夢一樣。但是如果把醒著時的行為，看成如夢中行為般地不重要，那可真是錯了。或許我們不會因夢裡的事情而受苦果，但醒著時的行為所產生的果報卻是無可避免的。我們的言語和行為會帶來強而持久的影響，不像夢般容易消逝。這就是因果，也是業報的法則。

▌留意心念不造業

　　大多數人認為對於沒有付諸行動的念頭不需要負責任。我們都有過不好的念頭，但實際上並未真正去做。即使最慈愛的母親對於不乖巧的孩子，有時候也難免會起傷害的念頭。大致來說，那些不好的念頭雖然沒有違犯佛教的戒條，但對於一個菩薩行者，心存歹念等同於犯戒。很少有人在打坐時，會想去打人或殺人，但在睡夢或日常生活中，暴力和殺人的念頭卻會時而浮現。所有有心於定課修行，學菩薩道的人，無論在睡夢中或日常的生活裡，都應該將不好的念頭捨棄。

　　人在夢中往往有不好的念頭或做壞事情，因為這些想法早已存在於心中。但真正精進的修行人在夢中也不會做壞事，就像平時不犯戒一樣，這是意念與行為，也就是身與意的一致不二；而相反的，也就是身與意不一致的情況，雖然醒著的時候不犯戒，但夢裡仍有邪惡的念頭產生。有一個有趣的例子可以做說明，幾年前，我上課時突然遇上停電，班上的學生們情不自禁開始大叫或大笑。在黑暗中，他們潛藏的內心顯現了。因為在光亮中，他們懂得自我控制，但是在黑暗中，卻放任自己覺得自由解脫了。

　　儘管明白生命虛幻，如夢般不真實，但不論是人生的夢，或是在人生當中所做的夢，我們仍然要對自己的行為負

責任。因為身體的活動是業，心理的活動也是業。比如說，如果你不知道身後有人，不小心踩到了他的腳，一定會道歉，在這種情形下，不會覺得自己做了什麼大錯事。同樣的，以菩薩的觀點來看，身體的行為不算嚴重，但是心念就很重要了。然而凡夫卻總是認為身業比意業嚴重得多。

我們要知道菩薩道重視心行，身體所造的業比起心的業來得微小。因此，我們應該留意自己的心念，並且對自己的心念負責任，同時讓內心保持單純、平和與寧靜，以認真嚴謹的修行，讓身心安定下來，日復一日，就能減少業障。

萬法唯心造

　　近代有一位虛雲老和尚，他到亞洲各地遊歷，每到一處，只要看見有荒廢的寺院，就會募款重建。許多人感到很訝異，就問他：「法師，看您寺院一間一間地起，怎麼那麼容易呀？而我們連要起一間簡單的房舍都很困難。」虛雲老和尚回答說：「那是因爲我的心中有寺院。」他們辯稱自己的心中也有寺院！虛雲老和尚則說：「不，你們心中不是眞的有寺院。我在心中蓋寺院已經蓋很久了，所以這些寺院老早就蓋好了；當我現在要蓋寺院時，自然就蓋好了。而你們所謂的寺院只是夢想罷了，並沒有眞正地在心中蓋寺院。」

　　《楞嚴經》說：「諸法所生，唯心所現。」但我們不能把這句話解釋爲，一切事物都是由這個虛妄心所創造出來的。如果你只是做白日夢，什麼事也不做，那你不可能創造出什麼東西或事物。相反地，如果你心中傾向於做某一件事，而也實際去做，那麼你所達成的成果當然可以說是唯心所造。同樣地，如果你對某些人感到生氣、悲傷或歡喜，並且憑著這些感覺來和他們建立關係，那麼這也可以說是唯心所造了。

▌今日所做，明日的果

有一句話說：「心如工畫師，能畫諸世間。」的確，存在於心中的一切，最後都會顯現；之前存在的，未來也可能會出現。這個過程就好像，你有一個大水缸，缸中的水摻雜了許多細砂，由於不斷地攪動，細砂時而沉到水底，時而浮現水面。而每一次心的波動，就如同在砂粒上添加了顏色，有時上的是一種濃厚的顏色，持久而不褪，有時則只是輕輕一抹。上了顏色的砂粒，沉入水底，當水被攪動時，又會再度浮現上來。然而上了淡彩的砂粒，顏色會愈來愈淡，只有深濃色彩的砂粒，才會顏色不褪。

善惡業就是這樣運作的！各種不同強度的念頭和行動，看起來似乎是「消失」了，可是過一陣子，在某個時刻，全又再回來了。不到浮現，看不到它們的影響。所以我們有時走好運，有時又遭遇困厄，而這都是來自於自己的所作所為。我們常說要為別人或自己謀求福利，很少說要謀求災難，即便如此，所有的災難都是我們自己造成的，自作自受。

存在於我們心中的一切，非常可能都會在未來顯現。事實上，要它們「不」產生後果還真的很難。當然，這要看業行的強度，就像染了顏色的砂粒，色彩愈濃厚愈是持久不褪。

在高雄，本來有一家專門處理家庭和工業廢水的工廠，後來因為它本身也製造了大量的廢水，無法完全處理，於是

產生了問題。雖然這家工廠的出發點是好的，處理他人製造的廢水，但過程中卻製造了更多的廢水。我們的生活不也是如此嗎？雖然不想造惡業，但不知怎麼地，還是造了惡業；雖然不想傷害他人，但是原本的善意卻往往帶來了傷害。

在人類歷史上，由於某些政治或宗教的觀點而造成了許多戰爭，其實這些戰爭的領導者並不一定是惡人，甚至有許多還深信自己所做的一切，都是為了人類的利益，殊不知卻讓許多人身陷於苦難中。

▌空花水月，依然要做

曾有人問虛雲老和尚：「您為什麼要一間接著一間地蓋寺院呢？最後還不是變成廢墟或被毀壞！所以您蓋寺院，實際上是提供機會讓人來破壞，這是讓人造惡業呀！別麻煩了吧！」虛雲老和尚回答說：「當眾生的善根福德不夠時，這些寺院的確會荒廢或被大肆破壞，但當眾生的善根福德比較具足時，他們會需要寺院。雖然這些寺院之後還是會再荒廢，但是這不是我所關切的。根據佛法所說，一切事物是眾生心行所造，就像空中的花朵、水中的月影一樣，都是幻相。儘管如此，佛法的事業還是我時時刻刻想要去做的。」

因此，重要的是，在實踐我們心中的意圖時，要自問：「是否已經確切地在自己的心中建立起這些心念或誓願？」

如果你已經走在實現目標的正確方向上，那麼「萬法唯心造」這句話就是千眞萬確了。如果你眞的想要某種東西，例如成佛，那麼你必須要有足夠堅定的決心。

▌先有付出，願望才會實現

有一個故事是說，從前有一對夫婦，年近五十，仍膝下無子。因爲他們眞的很想要個兒子，所以就遍訪各地寺院，求神問祇。可是他們的祈求全都落空了，直到來到一間寺院，有一位老僧人給了他們建議。老僧人說：「你們就多拜訪幾處寺院吧！如果裡面有又老又病、又沒人照顧的和尚，你們就帶他回家，照顧他，幫他治病，這樣你們就會有個兒子了。」

這對夫婦就照著去做，在拜訪了幾家寺院之後，找到一位罹患重病、沒人照顧的老和尚，於是把他接回家，很親切地照顧他，治好他的病。不過老和尚年紀已經很大了，過了兩年也快死了，就告訴這對夫婦說：「你們對我這麼好，我要怎樣才能報答呢？」這對夫婦說：「您就不用報答了，我們這樣做只是爲了求個兒子。」後來老和尚終於死了。不久之後，這對夫婦眞的生了一個兒子，十分聰明乖巧，他的父母有子萬事足，感到很歡喜、很得意。

過了好幾年，這男孩已經十幾歲了，一件有趣的事情發

生了！原先給那對夫婦建議的老僧人來拜訪，認出了他們的兒子，就說：「唉呀，你不就是我的老朋友嗎？」然後這男孩子也認出了老僧人，說道：「我也是別無選擇呀！我得報答這對夫婦。」

　　故事到此就結束了。也許老和尚以轉生成為這對夫婦的孩子來報恩，並不是聰明之舉，而且可以說是滿愚蠢的。但是這故事有個重點值得省思，就是當我們真的想要某樣東西時，應當也要努力幫助別人，這樣我們的願望就會實現。

國家圖書館出版品預行編目資料

心在哪裡？：聖嚴法師西方禪修指導 / 聖嚴法師
著；法鼓山國際編譯組. -- 初版. -- 臺北
市：法鼓文化，2011.10
　面；　公分
ISBN　978-957-598-567-7（平裝）

1. 佛教修持

225.7　　　　　　　　　　　　　100018272

心在哪裡？—— 聖嚴法師西方禪修指導

FINDING THE MIND: Chan Master Sheng Yen's Teachings in the West

著者	聖嚴法師
譯者	法鼓山國際編譯組
出版	法鼓文化
總監	釋果賢
總編輯	陳重光
編輯	李金瑛
封面設計	化外設計
地址	臺北市北投區公館路186號5樓
電話	(02)2893-4646
傳真	(02)2896-0731
網址	http://www.ddc.com.tw
E-mail	market@ddc.com.tw
讀者服務專線	(02)2896-1600
初版一刷	2011年10月
初版八刷	2021年9月
建議售價	新臺幣160元
郵撥帳號	50013371
戶名	財團法人法鼓山文教基金會—法鼓文化
北美經銷處	紐約東初禪寺
	Chan Meditation Center (New York, USA)
	Tel: (718)592-6593
	E-mail: chancenter@gmail.com